ENCYCLOPÉDIE INDUSTRIELLE

FONDÉE PAR **M.-C. LECHALAS**, INSPECTEUR GÉNÉRAL DES PONTS ET CHAUSSÉES EN RETRAITE

MACHINES FRIGORIFIQUES

PRODUCTION ET APPLICATION DU FROID ARTIFICIEL

PAR

H. LORENZ

INGÉNIEUR, PROFESSEUR A L'UNIVERSITÉ DE HALLE

Traduit de l'allemand avec l'autorisation de l'auteur

PAR

P. PETIT

PROFESSEUR A LA FACULTÉ DES SCIENCES DE L'UNIVERSITÉ DE NANCY
DIRECTEUR DE L'ÉCOLE DE BRASSERIE

ET

J. JAQUET

INGÉNIEUR CIVIL

PARIS

GAUTHIER-VILLARS ET FILS, IMPRIMEURS-LIBRAIRES

DU BUREAU DES LONGITUDES, DE L'ÉCOLE POLYTECHNIQUE, ETC.

Quai des Grands-Augustins, 55

1898

ENCYCLOPÉDIE DES TRAVAUX PUBLICS

Fondateur : M.-C. LECHALAS, *12, rue Alphonse de Neuville, PARIS*

Volumes grand in-8°, avec de nombreuses figures

Médaille d'or à l'Exposition universelle de 1889

OUVRAGES DE PROFESSEURS A L'ÉCOLE DES PONTS ET CHAUSSÉES

M. BECHMANN. *Distributions d'eau* et *Assainissement.* 2ᵉ édit., 2 vol. à 20 fr. . **40 fr.**

M. BRICKA. *Cours de chemins de fer de l'Ecole des ponts et chaussées.* 2 vol., 1.343 pages et 514 figures . . . . **40 fr.**

M. L. DURAND-CLAYE. *Chimie appliquée à l'art de l'ingénieur*, en collaboration avec *MM. Deróme* et *Féret.* 2ᵉ édit., considérablement augmentée, 15 fr. — *Cours de routes de l'Ecole des ponts et chaussées*, 606 pages et 234 figures. 2ᵉ édit., 20 fr. — *Lever des plans et nivellement*, en collaboration avec *MM. Pelletan* et *Lallemand.* 1 vol., 703 pages et 280 figures (cours des écoles des ponts et chaussées et des mines, etc.) . . . . **25 fr.**

M. FLAMANT. *Mécanique générale* (*Cours de l'Ecole centrale*), 1 vol. de 544 pages, avec 203 figures, 20 fr. — *Stabilité des constructions et résistance des matériaux.* 2ᵉ édit., 670 pages avec 270 figures, 25 fr. — *Hydraulique.* (*Cours de l'Ecole des ponts et chaussées*), 1 vol., 716 pages et 129 figures . . . . **25 fr.**

M. GARIEL. *Traité de physique.* 2 vol., 448 figures . . . . **20 fr.**

M. GUILLEMAIN. *Navigation intérieure, rivières et canaux.* 2 vol. (1.172 pages, avec 200 figures; cours de l'Ecole des ponts et chaussées) . . . . **40 fr.**

M. F. LAROCHE. *Travaux maritimes.* 1 vol. de 490 pages, avec 116 figures et un atlas de 46 grandes planches, 40 fr. — *Ports maritimes.* 2 vol. de 1.006 pages avec 524 fig. et 2 atlas de 37 planches, double in-4° (*Cours de l'Ecole des ponts et chaussées*). **50 fr.**

M. NIVOIT. *Géologie appliquée à l'art de l'ingénieur*, cours professé à l'Ecole des ponts et chaussées. 2 vol. de 1.274 pages, avec 555 figures . . . . **40 fr.**

M. M. D'OCAGNE. *Géométrie descriptive et Géométrie infinitésimale* (cours de l'Ecole des ponts et chaussées), 1 vol., 340 fig . . . . **12 fr.**

M. J. RÉSAL. *Traité des Ponts en maçonnerie*, en collaboration avec *M. Degrand.* 2 vol. avec 600 figures, 40 fr. — *Traité des Ponts métalliques.* 2 vol., avec 500 figures, 40 fr. — *Constructions métalliques, élasticité et résistance des matériaux : fonte, fer et acier.* 1 vol. de 652 pages, avec 203 figures, 20 fr. — Le 1ᵉʳ volume des *Ponts métalliques* est à sa seconde édition (revue, corrigée et très augmentée). — *Cours de ponts*, professé à l'École des ponts et chaussées, 1 vol. de 410 pages, avec 284 figures. (*Etudes générales et ponts en maçonnerie*, 14 fr.). — *Cours de résistance des matériaux* (Ecole des ponts et chaussées). . . . . **16 fr.**

OUVRAGES DE PROFESSEURS A L'ÉCOLE CENTRALE DES ARTS ET MANUFACTURES

M. DEHARME. *Chemins de fer. Superstructure ;* première partie du cours de chemins de fer de l'Ecole centrale. 1 vol. de 696 pages, avec 310 fig. et 1 atlas de 73 grandes planches in-4° doubles (voir *Encyclopédie industrielle* pour la suite de ce cours). **50 fr.**

M. DENFER. *Architecture et constructions civiles.* Cours d'architecture de l'Ecole centrale : *Maçonnerie.* 2 vol., avec 794 figures, 40 fr. — *Charpente en bois et menuiserie*, 1 vol., avec 680 figures, 25 fr. — *Couverture des édifices.* 1 vol., avec 423 figures, 20 fr. — *Charpenterie métallique, menuiserie en fer et serrurerie.* 2 vol., avec 1.050 figures, 40 fr. — *Fumisterie* (chauffage et ventilation). 1 vol. de 726 pages, avec 731 figures (numérotées de 1 à 375, l'auteur affectant chaque groupe de figures d'un numéro seulement), 25 fr. — *Plomberie* : *Eau, Assainissement, Gaz.* 1 vol. de 568 p. avec 391 figures . . . . **20 fr.**

M. DORION. *Cours d'Exploitation des mines.* 1 vol. de 692 pages, avec 1.100 fig. **25 fr.** Ce Cours, professé à l'Ecole centrale, est suivi du recueil complet des documents officiels, actuellement en vigueur, relatifs à l'exploitation des mines (lois, ordonnances et décrets, circulaires).

M. MONNIER. *Électricité industrielle*, cours professé à l'Ecole centrale. 2ᵉ édit. considérablement augmentée, 2 vol., à 12 fr. le volume (*sous presse*).

M. Mel PELLETIER. *Droit industriel*, cours professé à l'Ecole centrale. 1 vol. . **15 fr.**

MM. E. ROUCHÉ, ancien professeur de géométrie descriptive à l'Ecole centrale, et C. BRISSE, professeur du même cours : *Coupe des pierres.* 1 vol., et un grand atlas . . . . **25 fr.**

MM. C. BRISSE, et H. PICQUET : *Cours de géométrie descriptive de l'Ecole centrale*, 1 vol. grand in-8 avec figures (Voir ci-dessous : *Encyclopédie industrielle*).

OUVRAGE D'UN PROFESSEUR AU CONSERVATOIRE DES ARTS ET MÉTIERS

M. E. ROUCHÉ, membre de l'Institut. *Éléments de statique graphique.* 1 vol., **12 fr. 50**

OUVRAGES DE PROFESSEURS A L'ÉCOLE NATIONALE SUPÉRIEURE DES MINES

M. AGUILLON. *Législation des mines, française et étrangère.* 3 vol. . . . . **40 fr.**

M. PELLETAN. *Lever des plans et nivellement souterrains* (Voir ci-dessus : *Durand-Claye*).

OUVRAGE D'UN PROFESSEUR A L'ÉCOLE NATIONALE FORESTIÈRE

M. THIÉRY. *Restauration des montagnes*, avec une *Introduction* par M. LECHALAS père. Vol. de 442 pages, avec 173 figures. . . . . **15 fr.**

(Voir la suite ci-après)

ENCYCLOPÉDIE INDUSTRIELLE

MACHINES FRIGORIFIQUES

PRÉFACE DE L'AUTEUR

J'ai été poussé par de nombreux collègues à publier le présent ouvrage, entièrement adapté aux besoins de l'industrie, et j'ai cherché à donner une image aussi exacte que possible du degré de développement auquel sont arrivées la production et l'application du froid artificiel.

Je me suis toutefois borné à l'industrie du continent, pour rester dans les limites de mon expérience personnelle, laissant entre autres de côté la construction et le fonctionnement des grands compresseurs verticaux, systèmes américains, qu'on a en vain tenté d'introduire chez nous.

Le but de cet ouvrage excluait d'avance tout développement mathématique, ce qui m'a obligé à rassembler en un certain nombre de tableaux des chiffres de nature purement théorique, nécessaires à la compréhension des phénomènes étudiés, ainsi que de nombreux résultats fournis par l'expérience. Il m'a ainsi été possible de tenir compte des recherches les plus récentes, faites par d'autres ou par moi-même, dans le domaine de la thermodynamique. J'ai enfin cherché à démontrer, par quelques exemples, l'application des résultats obtenus à la solution élémentaire des problèmes pratiques les plus importants.

Il est permis, je crois, d'ajouter un certain prix à la division systématique des sujets traités, qui prévient les répétitions, et j'espère avoir réussi à condenser en peu de pages une quantité considérable de matières, sans nuire à la compréhension de ces lignes par une exposition trop laconique. Tous les projets sans application pratique ou chances d'avenir, traités souvent en détail dans bien des ouvrages ou dans les brevets d'invention, ont été exclus de ce volume pour ne pas en augmenter les dimensions. J'ai du reste tiré parti de tous les ouvrages de valeur à ma portée, et leur ai emprunté leurs figures caractéristiques. La revue publiée sous ma direction (Zeitschrift für die gesammte Kälteindustrie) *m'a été d'un grand secours; cependant je me suis vu dans la nécessité de me procurer un certain nombre de figures nouvelles.*

J'ose donc espérer que cet opuscule sera reçu par les industriels comme un véritable guide pratique et leur rendra, comme tel, d'utiles services.

Je recevrai avec le plus grand plaisir les remarques de tous ceux qui voudront bien me signaler les défauts de cet ouvrage, ou me communiquer des opinions divergentes, basées sur leur expérience personnelle.

Halle a. S., septembre 1896.

H. LORENZ.

PRÉFACE DES TRADUCTEURS

Le livre du professeur Lorenz a été accueilli en Allemagne avec une grande faveur et nous avons pensé qu'une traduction pourrait rendre quelques services en France aux industries qui utilisent les machines frigorifiques. Certes, celles-ci sont maintenant assez répandues pour que le principe de leur fonctionnement soit connu de tout le monde, mais ces notions générales ne sont guère suffisantes quand il s'agit de l'acquisition d'un appareil coûteux et d'une aussi grande importance que la machine à glace.

Il s'agit, en effet, non seulement de choisir l'agent réfrigérant, acide sulfureux, ammoniaque, acide carbonique, mais encore de déterminer le meilleur système, de compresseur et la construction la plus satisfaisante. Lorsque l'industriel ne connaît pas les divers systèmes il n'est pas à même d'en discuter les avantages et les inconvénients et il est obligé d'accepter sans vérification les conclusions que chaque maison tirera pour lui soit d'essais faits sur le rendement en froid par cheval, soit d'un dispositif toujours présenté comme supérieur aux autres.

Le livre du professeur Lorenz, débarrassé de tout appareil mathématique et dont la lecture ne suppose presque aucune connaissance spéciale, est abordable pour tout le monde. Il envisage chaque question à un point de vue exclusivement pratique et économique, en exposant d'une façon impartiale les avantages et les inconvénients de tel agent frigorifique ou de tel dispositif. En le lisant avant d'acquérir une machine, un industriel pourra donc faire un choix réellement raisonné et adopter en connaissance de cause le meilleur système et la meilleure construction.

Nous nous sommes efforcés de conserver les qualités de clarté, de simplicité et de précision qui ont valu à l'ouvrage de Lorenz une brillante carrière dans les pays de langue allemande, et nous espérons que malgré ses défauts notre traduction sera bien accueillie du public français.

Le premier chapitre comprend l'étude des propriétés des agents frigorifiques les plus employés et leur comparaison au point de vue du travail nécessaire pour une même production de froid. La conclusion de Lorenz est que les trois corps les plus répandus, acide sulfureux, ammoniaque, acide carbonique sont sensiblement équivalents dans les machines bien construites.

La construction des compresseurs fait l'objet du deuxième chapitre : on passe en revue les divers systèmes en discutant leurs avantages et leurs inconvénients au point de vue pratique.

Les chapitres III et IV comprennent dans le même ordre d'idées l'étude des condenseurs, des réfrigérants et des appareils permettant la réfrigération des liquides. On y trouve en particulier la discussion des appareils à détente directe et de ceux qui utilisent comme agent intermédiaire une solution saline, ainsi que l'indication des meilleures proportions de sel à employer.

Le chapitre V se rapporte à la réfrigération de l'air ; il présente de l'intérêt non seulement pour les brasseries mais pour les abattoirs, les glacières, les locaux où l'on conserve de la viande ou des matières alimentaires. — Des plans d'installation complètent les descriptions. Dans le sixième chapitre, on rencontre tout ce qui a trait à la production de la glace transparente soit pour les besoins industriels, soit pour la consommation, avec des considérations sur les meilleurs dispositifs à utiliser pour l'économie de la fabrication et pour la valeur hygiénique du produit.

Enfin le dernier chapitre, quoique plus théorique en apparence, mérite une mention spéciale : il traite des températures extrêmement basses, telles qu'on peut les obtenir par l'air liquide ; l'ingénieux appareil de Linde pour la liquéfaction industrielle de l'air est soigneusement décrit. Au moment où Lorenz écrivait son livre, c'était encore un appareil de physique, et déjà maintenant une machine de 250 chevaux est montée pour produire 50 à 60 litres d'air liquide par heure. Les industries des explosifs et des matières colorantes trouveront là un agent frigorifique très puissant et très précieux.

Ajoutons enfin que l'ouvrage comprend 131 figures et une bibliographie complète sur la question de la production du froid.

Petit et Jaquet.

CHAPITRE PREMIER

LES DIFFÉRENTS PROCÉDÉS DE PRODUCTION DU FROID TRAVAIL QU'ILS CONSOMMENT

1. Procédés de production du froid. — Les procédés usités actuellement pour la production du froid sont tous basés sur un même principe : absorption énergique de la chaleur par l'évaporation à basse température de liquides plus ou moins volatils (gaz liquéfiés). — Les anciennes machines à air, dans lesquelles on utilise simultanément le froid et le travail produit par l'expansion de l'air atmosphérique, étaient fort peu économiques. — D'une part, en effet, la faible capacité calorique de l'air (0,2377 calorie par degré et par kilogramme, en chiffres ronds 0,3 calorie par mètre cube) nécessite un abaissement considérable de la température limite à l'expansion, au prix d'une grande dépense de force ; d'autre part, les quantités d'air à comprimer sont si grandes qu'elles exigent des machines absolument disproportionnées, dans lesquelles les résistances passives sont énormes (1). En outre, la condensation,

(1) Ces machines se composent toujours d'un compresseur, d'un refroidisseur, dans lequel l'air comprimé perdant la chaleur développée par la compression est ramené à une température voisine de celle de l'eau employée au refroidissement, enfin, d'un cylindre d'expansion, dans lequel, tout en produisant un travail utilisé par le compresseur, l'air atteint une température suffisamment basse pour absorber une quantité considérable de chaleur. Cylindre d'expansion et compresseur sont accouplés à la même manivelle ou

jusqu'à un certain point inévitable, de l'humidité de l'air en neige, nuit à la continuité de la marche, tandis que l'air qu'on utilise directement au refroidissement des locaux est souillé par l'huile de graissage entraînée. Comme les machines à condensation ne présentent, en supposant un choix judicieux du fluide réfrigérant, que peu ou pas ces inconvénients, elles ont, à l'heure qu'il est, complètement éclipsé les machines à air, et il n'y a pas lieu de traiter ici la construction souvent très ingénieuse de ces dernières (1).

Les machines frigorifiques dont nous nous occuperons par la suite peuvent être groupées en trois catégories.

I. — *Machines à absorption*, ainsi dénommées parce que l'ammoniaque, seul corps intermédiaire employé, y est absorbé par l'eau après sa volatilisation; sous l'influence d'un chauffage direct (en général, chauffage à vapeur), l'ammoniaque dissoute est remise en liberté, puis, après séparation aussi complète que possible du liquide entraîné, liquéfiée dans un condenseur; l'ammoniaque revient, enfin, en traversant un robinet de détente, au réfrigérant, où elle se volatilise à nouveau, avec absorption de chaleur.

II. — *Machines à condensation* dans lesquelles l'am-

---

possèdent une tige de piston commune. Le cylindre d'expansion est muni d'une distribution identique à celle des machines à vapeur; comme il n'est pas en mesure d'actionner à lui seul le compresseur, on le complète d'un moteur appliqué à la même manivelle.

Voir pour plus amples détails : A. C. Kirck. — *On the mechanical production of cold*, dans *Proceedings of the Institution of civil Engineers*, 1874, et Schrötter. — *Untersuchungen an Kältemaschinen verschiedener systeme*, 1er rapport, Münich, 1887.

(1) Ces machines démodées sont encore traitées en détail dans les manuels récents, sans que les auteurs osent prononcer une condamnation définitive, que la non-valeur notoire de ces machines justifie cependant entièrement.

moniaque, l'acide carbonique ou l'acide sulfureux, tous parfaitement secs, sont, après volatilisation dans les serpentins du réfrigérant, aspirés puis comprimés par un compresseur. Après avoir été liquéfié par refroidissement (au moyen d'eau courante) dans les tubes du condenseur, le gaz revient au réfrigérant comme dans les machines à absorption, en passant par un détendeur. Ce dernier sert à régler la différence des pressions au condenseur et au réfrigérant.

III. — *Machines mixtes* analogues aux machines à absorption, ayant emprunté, toutefois, aux machines à condensation leur compresseur, qui aspire hors du réfrigérant les vapeurs d'ammoniaque, et les comprime jusqu'à concurrence de la tension correspondant à la saturation dans l'appareil à absorption. Ce dernier n'a subi aucune modification. Cette combinaison a l'avantage, au dire de l'inventeur (1), d'augmenter considérablement la teneur en ammoniaque de la solution qui circule dans la machine et de réduire ainsi à son minimum la masse d'eau entraînée, si nuisible au rendement.

Dans cette catégorie rentrent encore les machines frigorifiques à vapeur d'eau. On provoque, avec celle-ci, l'évaporation dans le vide d'une solution salée, qu'on refroidit ainsi ; une faible partie de la vapeur d'eau formée est refoulée à l'extérieur par la pompe pneumatique, qui maintient un vide constant de 1 à 2 millimètres de mercure ; la plus grande partie est, par contre, absorbée dans un récipient spécial, par de l'acide sulfurique concentré. Après usage, cet acide doit être concentré à nouveau ; cela se faisait, dans les

(1) A. Osenbruck. — Voir *Zeitschrift für die ges. Kälte industrie*, 3e année, 1895, page 19.

anciennes machines, complètement abandonnées maintenant, au moyen d'un chauffage à la vapeur; ce procédé a été remplacé par l'échauffement direct de l'acide par les gaz d'un four à coke; après refroidissement, l'acide est utilisé à nouveau. Pour maintenir l'équilibre de la machine, on restitue à la solution salée l'eau qu'elle a perdu par évaporation.

Parmi ces différents systèmes, la machine à absorption, perfectionnée par Carré, est la première dont l'usage se généralisa; mais elle fut peu à peu remplacée par les machines à gaz liquéfiables que Linde et Pictet amenèrent à un haut degré de perfection. Aussi, le nombre des machines à absorption qui fonctionnent encore est-il très restreint. Ellès ont, en particulier, presque disparu des brasseries, et les résultats défavorables obtenus, surtout au point de vue du rendement, rendent douteux le succès des tentatives faites actuellement pour leur donner un nouvel essor par l'adjonction d'un compresseur. La machine à vapeur d'eau est exactement dans le même cas. Elle échoua dans la forme qu'avait proposée Windhausen, grâce aux difficultés résultant de l'action chimique de l'acide sulfurique et d'une marche intermittente. Bien que ces défauts aient été corrigés dernièrement pour les machines de petites dimensions, il serait prématuré de porter un jugement sur l'avenir industriel de ce système. Force est, en tous cas, de constater que la machine à compression règne presqu'exclusivement, de sorte que nous nous occuperons principalement, dans les chapitres qui vont suivre, de ce système; il procure, du reste, à un haut degré, la régularité de marche et la constance de température que l'on exige dans l'industrie.

Le schéma suivant (*fig.* 1) indique les relations des différentes parties de la machine à compression entre elles :

Le compresseur P, qui aspire et comprime les va-

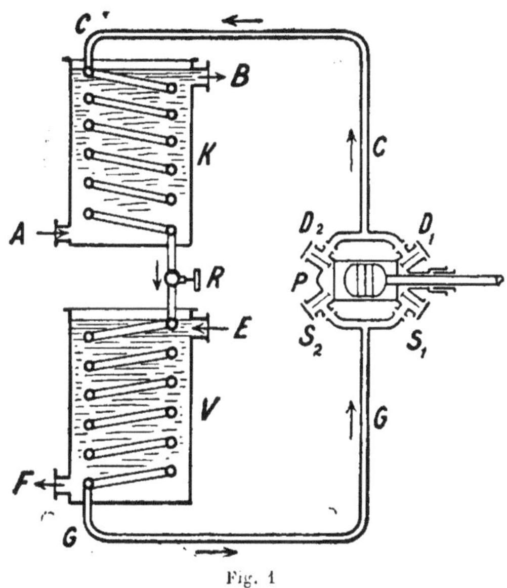

Fig. 1

peurs du fluide intermédiaire est, en principe, une pompe à air, à soupapes automatiques (plus rarement à tiroirs). Les soupapes d'aspiration sont indiquées par S_1S_2, celles de refoulement par D_1D_2.

La conduite de refoulement commune CC, réunit le compresseur au condenseur K, et aboutit à un tube ou un faisceau de tubes en spirale, baignés par l'eau de condensation qui entre en A et quitte le récipient du condenseur en B. Un agitateur placé à l'intérieur des spirales (il n'est pas indiqué dans la figure) maintient l'eau, amenée par une pompe, en mouvement continuel.

Le robinet de détente R, placé entre le condenseur et le serpentin du réfrigérant, règle le passage du fluide condensé de l'un dans l'autre. La construction du réfrigérant V est identique à celle du condenseur; il possède également un agitateur et une solution salée, difficilement congelable, le traverse d'ordinaire de E en F. Cette saumure, refroidie dans le réfrigérant, est distribuée par des pompes aux différents lieux de consommation (par exemple caves de brasserie) et revient réchauffée à son point de départ, tandis que les vapeurs produites par l'évaporation dans le réfrigérant du fluide liquéfié sont aspirées à nouveau par le compresseur (conduite GG) et recommence indéfiniment le même cycle.

2. Propriétés des principaux gaz liquéfiables employés. — Nous avons vu que quatre corps intermédiaires, l'ammoniaque (NH^3), l'acide carbonique (CO^2), l'acide sulfureux anhydre (SO^2) et, enfin, l'eau (H^2O) sont appliqués à la production du froid dans les machines caractérisées plus haut (1).

A basse température, ces corps absorbent une certaine quantité de chaleur, qu'ils abandonnent à haute température à l'eau de condensation, augmentée de la chaleur équivalente au travail mécanique consommé par la machine (dans les machines à absorption, cette chaleur supplémentaire est produite, pour la plus

---

(1) Il faut y joindre le liquide Pictet, mélange d'acide sulfureux et d'une faible quantité d'acide carbonique, parfois employé, mais dont les propriétés ne diffèrent que fort peu de celles de l'acide sulfureux. L'éther méthylique fut aussi proposé par Linde, qui y renonça du reste bientôt lui-même; l'emploi du sulfure de carbone a été abandonné à cause de l'inflammabilité de ce dernier. La même raison, ainsi que les dimensions démesurées nécessaires au compresseur, ont fait abandonner l'éther sulfurique proposé par Siebe.

grande partie, par le chauffage de la solution ammoniacale; dans les machines à compression, elle est l'équivalent d'un travail mécanique). Il importe donc, avant de passer à l'étude des machines elles-mêmes et de leur fonctionnement, de fixer rapidement les propriétés des principaux gaz liquéfiables utilisés, et cela d'autant plus que ce point, non encore éclairci, a été l'origine de contestations sérieuses entre les différents constructeurs, auxquels l'acheteur ne peut, le plus souvent, opposer qu'une ignorance complète.

Pour déterminer la puissance frigorifique d'un corps, il suffit de connaître deux quantités : le nombre de calories nécessaires pour élever la température de 1 kilogramme du liquide de 0° à une température supérieure (1), ou *chaleur du liquide* et la *chaleur latente de vaporisation*, c'est-à-dire le nombre de calories qu'il faut fournir pour volatiliser la même quantité de liquide. Cette dernière valeur varie en sens inverse de la température et s'annule au moment où le corps atteint le point critique, température à laquelle la distinction entre liquide et vapeur devient impossible et où, pour peu qu'on élève encore la température, on ne peut plus provoquer de liquéfaction. Ces deux nombres, déterminés pour différentes températures et un grand nombre de corps, permettent de fixer immédiatement la quantité de froid produite par 1 kilogramme du corps utilisé pour la réfrigération, dès que l'on connaît la température de ce dernier avant et après son passage

(1) La chaleur du liquide est, en somme, le produit de la chaleur spécifique par le nombre de degrés dont la température s'élève à partir de zéro; l'expression « chaleur du liquide » est une traduction littérale à défaut de terme satisfaisant et nous l'adoptons pour éviter une longue périphrase (Note des trad.).

au détendeur, organe commun à toutes les machines frigorifiques à gaz liquéfiables.

On peut, en effet, déterminer cette quantité assez exactement (1), en retranchant de la chaleur latente de vaporisation correspondant à la température du réfrigérant la différence entre les chaleurs du liquide, pour les températures à l'entrée et à la sortie du détendeur. Cette différence est, en effet, une quantité de chaleur absorbée au réfrigérant.

Il en résulte *a priori* qu'on utilisera d'autant moins de chaleur latente de vaporisation que la différence entre les chaleurs du liquide, c'est-à-dire la différence entre les températures des deux côtés du détendeur, sera plus grande.

Le tableau I donne, pour quelques températures, les valeurs correspondantes de ces deux quantités.

TABLEAU I (2)

Température en degrés centigrades	Chaleur latente en calories pour 1 kilog.				Chaleur du liquide en calories pour 1 kilog.			
	NH^3	CO^2	SO^2	H^2O	NH^3	CO^2	SO^2	H^2O
— 10°	322,3	61,47	93.44	614	— 8,83	— 5.00	— 3,16	— 10
0°	316.1	55.45	91,20	607	0	0	0	0
+ 10°	308,6	47,74	88,29	600	+ 9.17	+ 5,71	+ 3,28	+ 10
+ 20°	299,9	36,93	84,70	593	+ 18,66	+ 12,82	+ 6,68	+ 20
+ 30°	289,7	15,00	80,44	585	+ 28,49	+ 25,25	+ 10,19	+ 30

(1) Il importe de rappeler que ce raisonnement, fort simple, ne tient pas compte du travail (généralement faible, du reste) équivalent à la différence de tension à l'intérieur du condenseur et du réfrigérant et ne possède donc qu'un caractère d'approximation. Cette approximation n'est plus possible dans le cas où l'acide carbonique quitte le condenseur à une température voisine de sa température critique : pour les trois autres corps intermédiaires, par contre, elle concorde, dans les limites de la pratique, d'une manière très satisfaisante avec les résultats fournis par l'expérience.

(2) Les valeurs pour NH^3 et CO^2 sont reproduites d'après Mollier. — *Zeitschrift f. d. gesammte Kälte industrie*, 1895, p. 69 et 91 ; celles pour SO^2 et

On constate, en étudiant ce tableau, que la diminution de puissance frigorifique due à l'absorption par le réfrigérant d'une partie de la chaleur du liquide, n'est que très faible pour l'eau, un peu plus grande pour l'ammoniaque et l'acide sulfureux et très considérable pour l'acide carbonique. Cependant, l'eau, bien qu'en apparence la mieux appropriée à ce but, n'est jamais utilisée comme corps intermédiaire dans les machines à compression, l'acide sulfureux rarement (1), quoique son emploi tende à se développer, tandis que l'acide carbonique et l'ammoniaque sont de beaucoup les plus répandus.

Une explication à peu près suffisante de cette apparente anomalie nous est fournie par l'étude des tensions de ces corps aux températures indiquées dans le tableau précédent et des espaces qu'ils occuperaient à ces mêmes températures, sous forme de vapeurs saturées sèches. Ce dernier facteur concourt avec la puissance frigorifique, donnée par le tableau I, à fixer les dimensions du compresseur. Les volumes et les dimensions correspondantes sont consignés dans le tableau suivant :

TABLEAU II

Température	Tension absolue en kilog. par cm²				Volume de 1 kilog. exprimé en m³			
	NH^3	CO^2	SO^2	H^2O	NH^3	CO^2	SO^2	H^2O
— 10°	2,92	27,1	1,037	0,0028	0,432	0,0143	0.329	451,42
0°	4,35	35,4	1.244	0,0060	0.298	0,0104	0,211	210,68
+ 10°	6.27	45,7	2,338	0,0121	0,211	0,0075	0,152	108,52
+ 20°	8.79	58,1	3,347	0,0229	0,154	0,0052	0,107	58.73
+ 30°	12,01	73,1	4,666	0,0415	0,114	0,0030	0,076	33,27

H^2O sont empruntées à Zeuner : *Technische Thermo-dynamik*, 2 vol. Il en est de même pour le second tableau.

(1) Cette indication de l'emploi peu fréquent de l'acide sulfureux se rapporte évidemment à l'Allemagne (Note des trad.).

Il est facile, à l'aide des chiffres ci-dessus, de comparer la puissance frigorifique et les dimensions des machines fonctionnant avec chacun des quatre corps considérés, pour une température (et une tension) connue au condenseur, au réfrigérant et avant le détendeur. La température, en ce dernier point, n'est, en effet, pas nécessairement égale à la température de saturation au condenseur, le fluide liquéfié pouvant être refroidi, en appliquant le principe du contre-courant, jusqu'à la température initiale de l'eau de condensation.

Pour appliquer les données ci-dessus à un exemple et préciser en même temps l'effet de ce refroidissement après condensation, nous allons tirer des tableaux précédents, pour deux cas différents, les valeurs qui nous intéressent. Supposons dans les deux cas des températures identiques au réfrigérant — 10° et au condenseur + 20° : dans le premier cas, le fluide liquéfié arrive à cette dernière température au détendeur, tandis que dans le second cas il est refroidi préalablement jusqu'à + 10°. Les résultats sont consignés au tableau III qui donne le pouvoir frigorifique des quatre corps intermédiaires par kilogramme; on y trouvera, en outre, la quantité de chacun de ces corps nécessaire à une production de 100 000 frigories à l'heure, la température au réfrigérant étant — 10°, et, enfin, le volume de gaz qui traverse en une heure le compresseur, volume qu'on obtient en multipliant le nombre de kilogrammes précédemment déterminé par les volumes correspondants indiqués au tableau II.

TABLEAU III

Température avant le détendeur	+ 20°				+ 10°			
Corps intermédiaire	NH^3	CO^2	SO^2	H^2O	NH^3	CO^2	SO^2	H^2O
Tension au réfrigérant en kilog. par cm²	2,92	27,1	1,037	0,0028	2,92	27,1	1,037	0,0028
Tension au condenseur en kilog., par cm²	8,79	58,1	3,347	0,0229	8,79	58,1	3,347	0,0229
Chaleur latente de vaporisation au réfrigérant en calories	322,3	61,47	93,44	614	322,3	61,47	93,44	614
Chaleur du liquide dans le réfrigérant en calories . . .	27,5	17,82	9,84	30	18,0	10,71	6,44	20
Effet frigorifique par kilog. en calories .	294,8	43,65	83,60	584	304,3	50,76	87,00	594
Quantité nécessaire à une production de 100 000 frigories à l'heure en kilog. environ.	339	2 300	1 200	172	329	1 970	1 150	168
Volume du gaz aspiré à l'heure par le compresseur en m³, pour une production de 100 000 frigories, environ .	146	32,8	394	77 300	142	27,2	378	76 000

On conclut immédiatement de ce tableau que le volume de gaz traversant le condenseur dans un temps donné et pour un effet frigorifique déterminé (ici 100 000 frigories à l'heure) est relativement très faible pour l'acide carbonique, augmente sensiblement si l'on emploie l'ammoniaque ou l'acide sulfureux et exigerait enfin, si l'on avait recours à l'eau comme corps intermédiaire, un compresseur de dimensions démesurées. Comme dans les machines à air, les résistances passives seraient ici considérables, et annihileraient entièrement tous les avantages qu'on pourrait attendre du choix de l'eau comme corps intermédiaire ; en outre, les tensions extraordinairement faibles (vide considérable) feraient de l'irruption de l'air dans la machine un danger constant.

Ces raisons ont suffi pour écarter toute tentative d'utiliser l'eau à l'instar des gaz liquéfiables.

3. Travail consommé. — De lui dépend, en première ligne, la valeur relative de chaque machine. L'importance de ce travail résulte de plusieurs composantes très variables, pour les différentes machines et les différentes installations. On peut les classer en deux groupes : les unes dépendant directement du choix du système, pour des températures maxima et minima déterminées, les autres provenant de la disposition de l'installation en général, et de la tuyauterie en particulier.

Le travail le plus important rentrant dans la première de ces catégories est le travail indiqué au compresseur (au moyen d'un indicateur). Il n'y a pas lieu de le calculer ici à l'aide de la théorie thermodynamique ; il est facile de prouver que, toutes conditions égales d'ailleurs, ce travail varie, pour une même production de froid, avec le choix du corps intermédiaire. Supposons un corps dont le volume à l'état liquide soit négligeable par rapport au volume de ses vapeurs et dont la chaleur du liquide soit également très petite par rapport à sa chaleur latente de vaporisation, conditions presque réalisées pour l'eau ; la perte résultant du passage au détendeur sera insignifiante, et le travail mesuré, dans ces conditions au compresseur pourra être considéré comme un minimum (1), dont on

(1) Ce minimum ne correspond nullement à la quantité de travail nécessaire à une machine théoriquement parfaite, c'est-à-dire accomplissant, comme

cherchera le plus possible à se rapprocher dans la pratique.

Dans le cas de l'exemple rapporté au tableau III, cette consommation minimum serait, pour une production de 100 000 frigories, de 17,9 chevaux environ ; il est naturellement indifférent que le fluide liquéfié soit encore refroidi avant son arrivée au détendeur, puisque la quantité de chaleur qu'on gagne ainsi est des plus minimes en comparaison de la chaleur latente de volatilisation. Nous supposons également que le fluide intermédiaire ou ses vapeurs passent soupapes et conduites sans rencontrer de résistance.

Pour déterminer maintenant le travail réellement consommé par chaque corps intermédiaire, à l'aide de ce travail minimum, on se rappellera, tout d'abord, que ce dernier a été déterminé après avoir supposé que la chaleur de vaporisation était intégralement utilisée (1), la chaleur du liquide étant supposée nulle.

---

on l'admettait du moins, d'une manière erronée, jusqu'il y a peu de temps, un cycle de Carnot. J'ai révélé cette erreur et calculé les conditions vraiment idéales dans mes publications : « Beiträge zur Beurteilung der Kühlmaschinen » *Zeitschrift d. Vereins deutsch. Ingenieure*, 1894, et *Ausnützung der Brennstoffe in den Kühlmaschinen Z. f., Kält ind.*, 1894.

(1) Nous admettons, comme, du reste, dans tout le paragraphe précédent, que les vapeurs aspirées par le compresseur sont saturées et sèches. Ce procédé apparaît comme plus économique que celui qui consiste à faire aspirer des vapeurs humides, bien que ce dernier soit plus commode pour le machiniste; celui-ci a seulement alors à vérifier que la conduite de refoulement ne s'échauffe pas au-delà d'une température un peu supérieure à celle de la main; néanmoins, cette prescription se trouve encore, dans la plupart des règlements, sur la surveillance des machines. On peut démontrer théoriquement (Voir une publication dans *Zeitschrift f. d. Kälte ind.*, 1896. « Ueber das Durchströmen unterkühlter Flüssigkeiten, nasser und überhitzter Dämpfe u. s. w ») que l'augmentation d'énergie consommée est largement compensée par l'accroissement de rendement; on a aussi reconnu que les craintes causées par une élévation de température au compresseur ne sont nullement justifiées, à condition, naturellement, qu'elle ne soit pas poussée à l'excès, et qu'on évite surtout un échauffement à l'aspiration.

Comme cette hypothèse n'est jamais réalisée, le travail consommé augmente proportionnellement au rapport de la chaleur latente de vaporisation théorique à la chaleur réellement utilisée par kilogramme du fluide. Ce rapport est fortement influencé, comme cela résulte du tableau III, par le refroidissement du fluide liquéfié après condensation.

Si l'on considère, en outre, que les résistances au passsage des soupapes du compresseur varient, ainsi que l'expérience l'a démontré, de 5 % à 10 %, soit en moyenne 7,5 % du travail du compresseur, suivant le nombre de tours et la dimension de la machine, on trouvera, toujours dans le cas des exemples étudiés plus haut, pour le travail indiqué au compresseur les valeurs du tableau IV.

TABLEAU IV

Température avant le détendeur	+ 20°				+ 10°			
Corps intermédiaire	NH^3	CO^2	SO^2	H^2O	NH^3	CO^2	SO^2	H^2O
Travail minimum en chevaux pour une production de 100 000 frigories .	17,9	17,9	17,9	17,9	17,9	17,9	17,9	17,9
Rapport de la chaleur de vaporisation à l'effet frigorifique utile . . .	1,093	1,408	1,118	1,051	1,059	1,211	1,074	1,033
Augmentation de travail provenant de la résistance des soupapes . . .	1,075	1,075	1,075	1,075	1,075	1,075	1,075	1,075
Rapport du travail indiqué total au travail minimum .	1,175	1,513	1,202	1,130	1,138	1,302	1,155	1,110
Travail indiqué total en chevaux pour une production de 100 000 frigories .	21,0	27,1	21,5	20,2	20,4	23,3	20,7	19,9
Nombres de frigories produites par cheval indiqué et par heure. . . .	4 800	3 700	4 650	4 950	4 900	4 300	4 820	5 020

Une comparaison des résultats d'essais minutieux, faits sur de bonnes machines, avec les valeurs indiquées ci-dessus, montre que ces dernières sont encore au-dessous de la réalité. Cela provient des fuites intérieures, car il est impossible d'obtenir une étanchéité parfaite du piston et des soupapes. Ces fuites, insignifiantes dans les appareils neufs, influencent défavorablement, à la longue, les machines de tous systèmes; en effet, pendant la compression, une partie des vapeurs précédemment comprimées revient en arrière par une fuite de la soupape de refoulement et pénètre, soit par la soupape d'aspiration, soit par une fuite du piston dans l'autre partie du cylindre où elle diminue d'autant le volume des vapeurs aspirées. On perd ainsi le travail appliqué à la compression de ces vapeurs de retour, puisqu'elles n'ont pas servi à produire du froid. La perte de ce chef peut être très considérable (10 à 20 %) et dépend non seulement de la construction et de l'entretien de la machine, mais encore du nombre de tours du volant.

Malgré l'impossibilité de calculer cette perte, les tableaux III et IV permettent néanmoins de comparer entre eux nos quatre corps intermédiaires. Il résulte de cette comparaison qu'en travaillant aux températures indiquées dans ces tableaux, la machine à ammoniaque emploie le minimum de travail (si on fait abstraction de la vapeur d'eau, dont on n'a du reste parlé que pour compléter cette étude); la machine à acide sulfureux consomme une quantité de travail un peu supérieure, tandis que la machine à acide carbonique n'a qu'un rendement beaucoup moindre. C'est surtout sensible lorsque l'acide carbonique liquéfié n'est pas refroidi avant d'arriver au détendeur, de sorte qu'il est indispensable pour ce genre de machines, toutes les fois qu'on aura de l'eau fraîche à disposition, en si faible quantité que ce soit, d'intercaler un appareil à contre-courant entre le condenseur et le robinet de détente. Avec cette précaution, et dans des conditions normales, le rendement de ces machines se rapproche sensiblement de celui des machines à ammoniaque et à acide sulfureux, et la différence a d'autant moins d'importance, que la diminution de rendement causée par des fuites est beaucoup plus faible dans les compresseurs à acide carbonique ; les pistons de ceux-ci garnis de cuir embouti sont plus étanches que les pistons à garnitures exclusivement métalliques des autres machines.

Le procédé le plus pratique consiste à opérer ce refroidissement du gaz liquéfié dans un appareil identique au condenseur, mais de surface totale d'échange trois fois moindre; l'eau qui s'écoule de cet appareil est utilisée ensuite au condenseur.

Il faut bien remarquer que les valeurs indiquées aux tableau IV, uniquement pour permettre une comparaison, ont un caractère absolument spécial et ne peuvent pas être appliquées à d'autres cas, où les températures au condenseur ou au réfrigérant seraient différentes de celles que nous avons admises. Pour l'ammoniaque et l'acide sulfureux, ces valeurs ne sont, il est vrai, que peu modifiées par des conditions de température différentes, tandis que le rendement des machines à acide carbonique diminue considérablement dès que la température de l'eau de condensation s'élève ; l'emploi de ces machines, qui, dans des conditions normales, sont parfaitement à même de rivaliser avec leurs concurrentes, n'est plus justifié (sauf exception) dès que la température du fluide, avant le détendeur, atteint + 25 ou + 30° C.

Le travail mécanique indiqué ne représente toutefois pas le travail total consommé par la machine, et comme ce dernier seul a un intérêt pour l'acheteur, il n'est pas admissible de juger de la valeur relative des différents systèmes sur l'unique donnée du travail indiqué, comme c'est fréquemment le cas.

A ce travail indiqué s'ajoutent comme éléments du travail total les quantités suivantes, dépendant surtout de la disposition générale de l'installation, et fort peu des différents systèmes.

a) *Travail absorbé par les résistances passives de la machine* qu'on identifie en général, bien à tort, à la différence entre les travaux indiqués, au moteur et au compresseur (1). Ce travail représente 10 à 20 % du travail indiqué au compresseur, selon l'importance de l'installation.

b) *Actionnement des agitateurs* du condenseur et du réfrigérant, dans le cas où, comme nous l'avons vu plus haut, on se sert d'eau fraîche pour la condensation, et où le réfrigérant agit sur une solution salée, servant de véhicule du froid. Dans des conditions normales, ce travail ne doit pas comporter plus de 5 % du travail total.

c) *Actionnement des pompes amenant l'eau de condensation*, n'a d'importance que lorsque la conduite d'amenée est très longue, ou présente de nombreux coudes ; dans ce cas, les résistances hydrauliques sont considérables. En général, il suffira de calculer ce travail, d'après

(1) Cela n'est exact que dans le cas, très rare, où l'on n'utilise pas le moteur pour les travaux partiels indiqués plus loin.

la hauteur totale de la colonne et la quantité d'eau nécessaire par heure. Pour faire la part des résistances, on doublera le résultat.

d) *Travail des pompes pour la circulation d'eau salée* vient certainement en seconde ligne après le travail du compresseur, et dépend beaucoup de la disposition des conduites dans les locaux à refroidir (caves). Il peut atteindre 30 % du travail total, lorsque la solution salée traverse, avec une vitesse considérable, une tuyauterie de faible section ou une série de tubes coudés, tandis qu'on peut réduire ce travail de plus de moitié par une disposition rationnelle du réseau (batteries de tuyaux parallèles), et le choix d'un diamètre suffisant. Pour plus de sûreté, il vaut toutefois mieux s'en tenir au chiffre maximum indiqué d'abord.

e) Il est superflu de tenir compte du *travail absorbé par les pompes pour la circulation d'eau glacée* dans les nageurs des cuves à fermentation; il est insignifiant, en comparaison des autres facteurs, d'autant plus que ces différents travaux s'effectuent rarement simultanément. Dans la plupart des brasseries, cette eau, après avoir traversé les nageurs, s'écoule naturellement dans un réservoir; lorsque ce dernier est plein on pompe l'eau dans un réservoir plus élevé.

f) *Travail absorbé par le générateur à glace* ne constitue pas toujours une partie intégrante du travail total, car on utilise souvent le réfrigérant lui-même comme générateur. Dans ce cas, on est obligé d'abaisser la température du bain salé plus que ne l'exigerait le reste de l'installation, ce qui augmente un peu le travail du compresseur. On réserve, en outre, de préférence, pour la fabrication de la glace, les périodes pendant lesquelles le reste de l'installation n'est mis que faiblement à contribution et n'absorbe que peu de force.

g) Le travail des transmissions dépend trop directement d'une installation judicieuse et d'un bon entretien, pour pouvoir être estimé ici.

On remarquera que la suppression des travaux partiels, *b*, *c* et *d*, entraîne une augmentation de chaleur correspondante (1), ce qui contribue à élever la température de l'eau de condensation et absorbe, d'autre part, en pure perte, une partie du pouvoir frigorifique de la solution salée. C'est, en particulier, le cas pour le travail des pompes à eau salée, qui peut, lorsqu'il est effectué dans de mauvaises conditions, diminuer de 10 °/₀ et plus le rendement frigorifique. Ce dernier subit également une perte de 5 °/₀ en chiffres ronds, causée par le rayonnement de la chaleur atmosphérique.

Lorsque la réfrigération se fait par de l'air refroidi et séché dans un appareil spécial, puis chassé dans les locaux à refroidir par un ventilateur, le travail de ce dernier diminue aussi le rendement frigorifique. Comme ce travail dépend directement des résistances opposées à la circulation de l'air, il faut accorder à la disposition des conduites d'air tout autant de soin que s'il s'agissait d'une circulation d'eau salée.

Le tableau ci-dessous donne une idée de l'influence de ces travaux partiels, sur le travail total consommé, dans le cas de machines à ammoniaque, à acide sulfureux ou à acide carbonique. On a pris pour base de cette nouvelle détermination les valeurs du tableau IV, c'est-à-dire supposé une production théorique de

(1) 1 cheval-heure = 636 calories en chiffres ronds.

100 000 frigories. Les fuites à l'intérieur de la machine diminuent le rendement de 10 % sans modification du travail indiqué au compresseur ; la quantité de froid produite théoriquement se réduit ainsi à 90 000 frigories à l'heure.

TABLEAU V

Température avant le détendeur	+ 20°			+ 10°		
Corps intermédiaire	NH^3	CO^2	SO^2	NH^3	CO^2	SO^2
Travail total indiqué (tableau IV) en chevaux. .	21,0	27,1	21,5	20,4	23,3	20,7
Résistances passives au moteur et au compresseur en chevaux . . .	3,2	4,1	3,2	3,3	3,5	3,1
Actionnement des agitateurs en chevaux . . .	1,0	1,0	1,0	1,0	1,0	1,0
Actionnement des pompes alimentaires en chevaux.	1,5	1,5	1,5	1,5	1,5	1,5
Actionnement des pompes à eau salée en chevaux.	8,0	8,0	8,0	8,0	8,0	8,0
Travail consommé par les transmissions en chevaux	2,0	2,0	2,0	2,0	2,0	2,0
Travail total effectivement consommé en chevaux .	36,7	43,7	37,2	36,0	39,3	36,3
Froid absorbé par le travail des agitateurs en calories	636	636	636	636	636	636
Froid absorbé par le travail des pompes à eau salée en calories . . .	5 088	5 088	5 088	5 088	5 088	5 088
Froid absorbé par le rayonnement en calories.	4 500	4 500	4 500	4 500	4,500	4 500
Production frigorifique effective en calories . .	79 776	79 776	79 776	79 776	79 776	79 776
Nombre de frigories produites par 1 cheval de travail effectif en calories	2 174	1 825	2 144	2 217	2 025	2,198

Les valeurs de ce tableau correspondent à des conditions de marche normales et supposent une installation et une exécution des divers organes également bonnes. On en concluera qu'il n'existe pas, à l'heure qu'il est, pour une quantité identique de froid réellement utilisable aux lieux de consommation, de différence marquée entre le travail absorbé par les divers systèmes, et que ceux-ci sont, en un mot, à peu près équivalents.

S'il se produit dans la pratique de grandes différences avec ces résultats, il faut en rechercher la cause dans une disposition anormale de l'installation, une exécution défectueuse des machines, un entretien mal compris ou négligé de ces dernières.

4. Moteurs des installations frigorifiques. — On n'accorde souvent qu'une importance secondaire au choix du moteur, tandis qu'on a coutume de fixer par des considérations d'une sévère économie le système de machine frigorifique qu'il convient d'employer. Aussi, recontre-t-on fréquemment, non seulement de très bonnes machines souffrant d'un mauvais accouplage avec leur moteur, mais encore des installations complètement désorganisées par suite du choix d'un moteur défectueux ou qui consomme tout au moins une quantité de charbon absolument disproportionnée.

Lorsqu'il s'agit de choisir le moteur, il faut, avant tout, savoir si celui-ci doit actionner uniquement l'installation frigorifique ou s'il doit encore servir à d'autres usages. Le premier de ces cas ne se rencontre que dans de très grands établissements ; dans les brasseries de faible ou moyenne importance et dans les abattoirs, le moteur doit donner toute la force dont on a besoin. Cette dépendance, qui s'étend en général aussi au générateur à vapeur, ce dernier devant fournir de la vapeur pour différents usages, nuit énormément à la marche régulière des machines frigorifiques, et nécessite, même pour de petites installations, un bon réglage automatique. Il importe peu que la machine soit directement accouplée au moteur ou mue par transmission. La figure 2 donne le plan d'un compresseur mû par transmission, tandis que la figure 3 présente le mode habituel d'accouplement direct. L'arbre moteur doit être, dans ce dernier cas, très fortement construit, puisqu'il transmet tout le travail de compression.

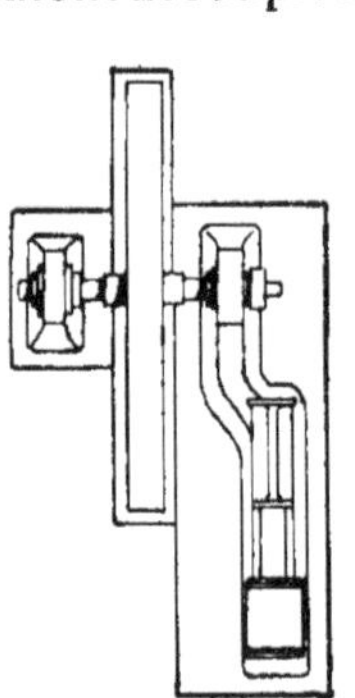

Fig. 2

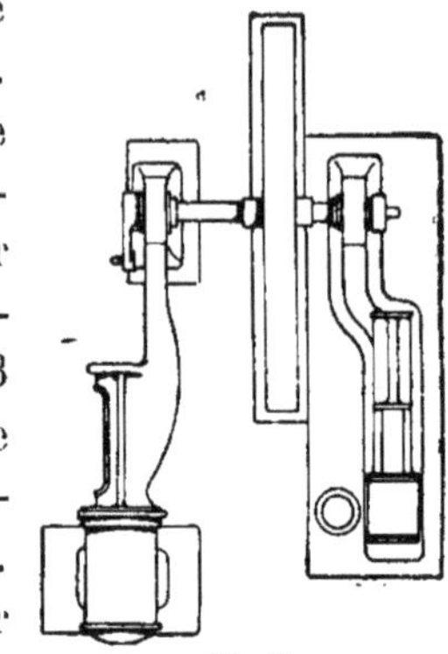

Fig. 3

Il est à peine besoin d'insister sur les soins qu'il faut apporter au montage ; on veillera en particulier à ce que les axes des deux cylindres soient parfaitement parallèles. Il en est exactement de même pour l'accouplage de compresseurs doubles (*fig.* 4) avec le moteur.

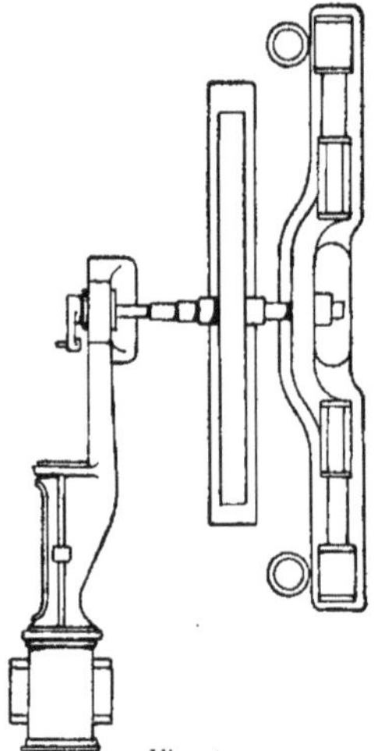

Fig. 4

En cas d'accouplage direct, l'excédent de travail du moteur est transmis au moyen de câbles ou d'une courroie par le volant transformé en poulie ou par une poulie spéciale montée sur l'arbre moteur. Une partie de cet excédent sert à actionner les agitateurs du condenseur et du réfrigérant, ainsi que les grues du sac à glace. Il y aura en tout cas avantage à employer *l'accouplage direct, lorsque le travail apporté par le compresseur est supérieur à la somme des autres travaux réunis*, ou lorsque cette dernière est très variable par rapport au travail du compresseur. Il est généralement nécessaire, avec ce mode d'accouplage, de munir le volant d'un *contre-poids*, parce que la résistance à la fin de la compression est beaucoup plus forte pour la face postérieure que pour la face antérieure du piston, dont la surface est diminuée de la section de la tige. Ce contre-poids est d'autant plus nécessaire que le diamètre du cylindre est plus petit et la section de la tige plus forte, aussi le rencontre-t-on surtout dans les machines à acide carbonique. Les machines les moins avantageuses sont celles à simple effet, verticales pour la plupart (1) dont les résistances passives sont très considérables; un contre-poids est presque indispensable pour ces machines si l'on veut avoir une marche régulière, même dans le cas d'un actionnement par transmission. Dans les grandes machines à double effet, la force

---

(1) Lorsque la tension à l'aspiration est supérieure à la pression atmosphérique, ce qui est le cas normal, le compresseur fournit, pendant la période d'aspiration, un travail positif correspondant à cette différence de tension. Une partie de ce travail est absorbé par les frottements. D'autre part, pendant la période de compression et la décharge, le travail indiqué au compresseur s'augmente du travail gagné à l'aspiration et du travail absorbé par les frottements. Si, par exemple, ce travail indiqué au compresseur d'une machine à acide carbonique à simple effet est de 2 chevaux, le travail positif gagné à l'aspiration 1,5, les frottements pendant l'aspiration 30 % et pendant la compression 20 % du travail indiqué, la formule suivante donnera le travail réellement consommé :

$$(2 + 1,5)\ 1,2 - 1,5 \times 0,70 = 3,15 \text{ chevaux}$$

ce qui correspond à un effet utile de $\frac{2}{3,15} = 0,635$, tandis qu'un compresseur plus grand, à double effet, atteint facilement 0,8 et 0,9.

Voir pour plus de détails mon article « Der mechanische Wirkungsgrad von Kolbenmaschinen », dans *Zeitschrift des Vereins der Ingenieure*, 1894, p. 1267.

vive accumulée dans le volant suffit, en général, à vaincre cet excédent de résistance. Ce dernier est particulièrement sensible lors de la mise en marche, même si la conduite d'aspiration est condamnée, et peut, en l'absence d'un contre-poids, occasionner bien des difficultés, quand les compresseurs sont accouplés directement au moteur. La manière la plus simple de remédier à cet inconvénient est d'ajouter le contre-poids après coup; le point où se produit la plus forte résistance dans le cylindre détermine la position de ce contre-poids par rapport à la manivelle du compresseur. Le contre-poids doit avoir, en ce point, son moment de rotation maximum par rapport à l'arbre moteur et devancer la manivelle de 90° pour les compresseurs horizontaux, où la pression maxima sur le piston se produit environ au milieu de sa course; cette avance doit être, au contraire, de 180° pour les compresseurs verticaux. Il ne faut pas perdre de vue, en fixant les dimensions de ce contre-poids, qu'il consomme du travail pendant la moitié de chaque tour du volant et augmente ainsi les résistances passives pour la partie antérieure du cylindre. Il ne doit pas avoir d'autre but que d'égaliser exactement la différence de travail entre les deux faces du piston, et si le diamètre du volant est connu, on déduit directement de cette différence les dimensions du contre-poids.

Les mêmes considérations ont amené les constructeurs à caler les manivelles du moteur et du compresseur, appliquées à un même arbre moteur, sous un certain angle. Comme la glissière du compresseur (calculée pour les forces verticales dirigées vers le bas), n'existe souvent que comme moitié inférieure, on fait marcher le compresseur à gauche, et par conséquent le moteur aussi. L'expérience a prouvé que, dans ce cas, il est avantageux de caler la manivelle du moteur de 120 à 140° en avant de celle du compresseur. Dans les compresseurs doubles, à manivelle unique, la manivelle du moteur est calée de 45° à 60° en arrière de celle des compresseurs, quel que soit le sens de la rotation.

On emploie avec avantage pour la détermination de ces angles et des dimensions du contre-poids des procédés graphiques; ils permettent également de fixer le poids total du volant.

La disposition en tandem fig. 5 du moteur et du compresseur, usitée en France et en Angleterre, n'est pas à recommander, car la tension maxima dans le cylindre du moteur correspond à la pression minimum dans le compresseur et *vice versa*. Le volant doit donc emmagasiner tout l'excédent de travail qui se produit au commencement de la course pour la restituer au compresseur à la fin de celle-ci. Cette disposition a toutefois un avantage, celui d'économiser la place.

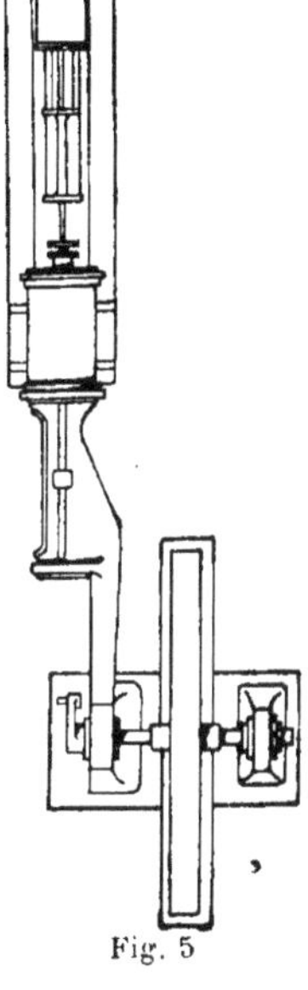
Fig. 5

Tous les moteurs accouplés directement au compresseur marchent à un très petit nombre de tours, la vitesse du piston moteur dépendant uniquement de la vitesse optimum du piston compresseur. Cette dernière est celle pour laquelle le jeu des soupapes reste encore parfaitement régulier tandis que les fuites à l'intérieur de la machine ne dépassent pas une certaine limite. Si l'on augmente la vitesse du piston, le % de ces fuites rapporté à la production de froid à l'heure, diminue, sans doute, mais les soupapes ne jouent plus régulièrement ou refusent tout à fait. Si, d'autre part, on ralentit par trop la marche du piston, les fuites intérieures peuvent devenir très importantes, même si les soupapes fonctionnent normalement.

En général, la vitesse optimum du compresseur est inférieure à celle qui convient au moteur, et ce n'est que grâce à une longue expérience qu'on peut tomber juste pour la combinaison de ces deux organes. Les choses sont un peu facilitées par le fait que le moteur doit être, en général, sensiblement plus puissant que ne l'exige le compresseur à lui seul, ce qui réduit, par conséquent, le nombre de tours et le rapproche de celui qui conviendrait au compresseur. En aucun cas il ne faut s'attendre à augmenter le rendement d'une installation en élevant le nombre de tours du moteur ; le résultat d'une telle tentative sera inévitablement, l'expérience l'a prouvé, un grippement rapide de toutes les parties du compresseur.

Lorsqu'on emploie des moteurs à gaz ou, ce qui est plus rare, des moteurs électriques, dont le nombre de tours est toujours considérable, l'installation d'une transmission est indispensable. Toutefois, on a employé avec succès, pour de petites machines, l'actionnement direct par l'intermédiaire d'une vis sans fin, dont les frottements sont, ainsi qu'il résulte d'études récentes, beaucoup plus faibles qu'on ne l'admettait jusqu'ici.

5. Disposition générale d'une installation. — Lorsqu'on est fixé sur le moteur, la disposition générale est facile à préciser, en considérant le but de l'installation et la place disponible.

Les figures 6 et 7 donnent la disposition d'un com-

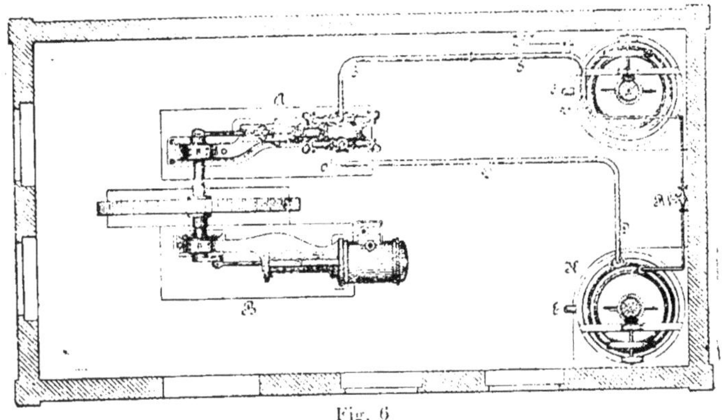

Fig. 6

presseur Linde A, accouplé directement au moteur

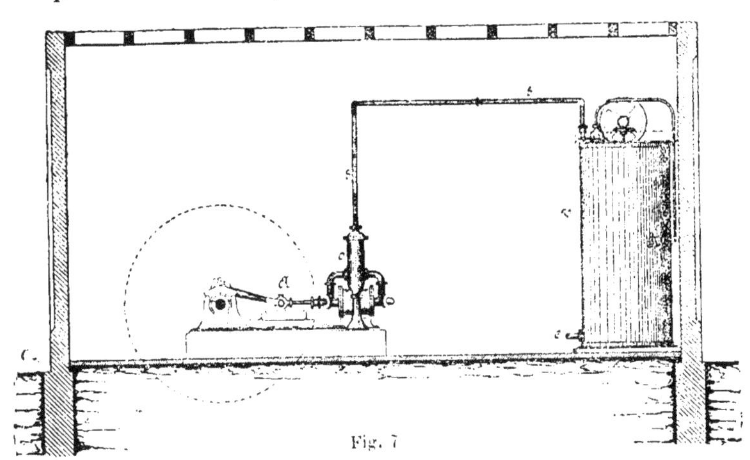

Fig. 7

B, et des appareils accessoires. Compresseur A et moteur occupent à peu près le milieu de la salle, tandis que le condenseur K et le réfrigérant V sont placés dans les coins. Entre ces deux appareils se trouve le détendeur R fixé à la paroi, à portée de la main. On place, en général, directement au-dessus, deux manomètres indiquant la tension dans le condenseur et dans le réfrigérant. Les agitateurs sont formés de palettes en bois, fixées sur un arbre vertical, et tournent à l'intérieur des spirales du condenseur et du réfrigérant. La poulie et les engrenages qui les actionnent sont visibles dans la figure, tandis que la poulie de renvoi, reliée elle-même au volant, n'y est pas indiquée.

L'eau salée quitte le réfrigérant en C; E marque l'arrivée de l'eau de condensation dans le condenseur. En O, à côté du compresseur, se trouve le séparateur d'huile qui permet de purifier les vapeurs d'ammoniaque de l'huile de graissage entraînée; cet appareil est intercalé dans la conduite de refoulement. Cette dernière DD, ainsi que le tuyau d'aspiration SS, sont suspendus à peu de distance du plafond.

La disposition esquissée ci-dessus est la plus simple qui se puisse imaginer; elle est, en particulier, dépourvue de refroidisseur pour l'ammoniaque liquéfiée. Nous en étudierons plus loin la construction et traiterons également à cette occasion des autres formes qu'affectent les appareils décrits dans les lignes qui précèdent.

CHAPITRE II

—

CONSTRUCTION DES COMPRESSEURS

6. Compresseurs à ammoniaque. — En raison de leur importance, nous étudierons d'abord les machines à ammoniaque, et prendrons pour type celle de Linde, qui est la plus répandue. Nous l'examinerons seule dans toutes ses parties en indiquant, quand besoin sera, les particularités qui caractérisent les machines d'autres constructeurs (1).

Il existe deux types de compresseurs horizontaux Linde, qui diffèrent surtout par la glissière, et qui, depuis leur apparition, n'ont subi aucune modification importante, preuve évidente d'une construction bien comprise. La glissière plane, rabotée (type de la fabrique « Augsbourg », *fig.* 8), permet un accès facile de toutes ses parties, mais elle est d'une exécution plus coûteuse que la glissière cylindrique, percée à la mèche, de la maison Sulzer à Winterthur (*fig.* 9). Dans

---

(1) On peut d'autant mieux renoncer à décrire les nombreux types de machines verticales usitées en Amérique, qu'en dépit de bien des tentatives elles n'ont pas pénétré sur le continent. Voir à ce sujet les rapports détaillés du prof. M. F. Gutermuth, dans *Zeitschrift des Vereins d. Ingenieure*, 1894, et de C. Schmitz, dans *Zeitschrift für die ges Kälteind*, 1895, livraisons 9 à 12.

les machines de ce dernier type, le cintrage du cylindre et de la tête de piston est facilité par le fait que le cy-

Fig. 8

lindre est fixé au bâti par des filets d'ajustage cylindri-

Fig. 9

ques ; mais le bâti, dans son ensemble, est plus lourd.

Les avantages et les désavantages de ces deux types se compensent sensiblement (1).

Les figures 10, 11 et 12 représentent une section lon-

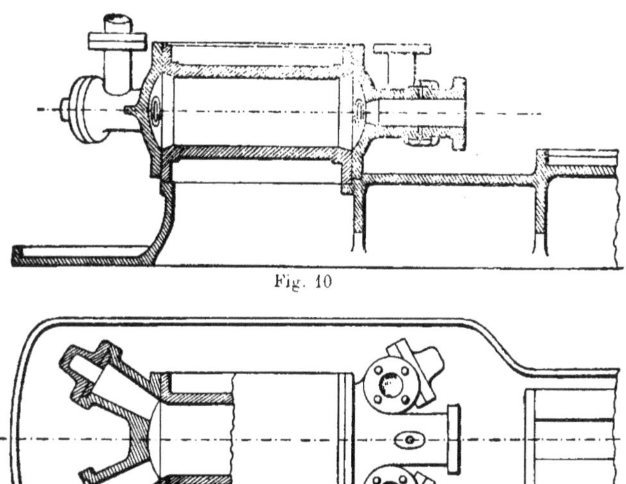

Fig. 10

Fig. 11

gitudinale, un plan et une section transversale d'un compresseur de taille moyenne de la fabrique d'Augsbourg. Le cylindre, muni d'une enveloppe en tôle soigneusement exécutée, porte à chaque extrémité un fond en forme de calotte sphérique, coulé d'une seule pièce avec les enveloppes des soupapes. Le fond antérieur porte, en outre, le presse-étoupe; le tout repose

(1) Les compresseurs doubles représentés dans ces deux figures se distinguent, en outre, l'un de l'autre, en ce que les axes des deux cylindres compresseurs ne coïncident pas dans la machine « Augsbourg », tandis que c'est le cas pour le type Sulzer. On ne peut réaliser cette coïncidence qu'en appliquant les deux bielles à la même manivelle; il faut, pour cela, que l'une des têtes, fourchée, enserre l'autre tête de bielle.

sur les filets d'ajustage rabotés du bâti creux, dont le pied s'évase en un large godet à huile. Les enveloppes des soupapes sont coniques et les axes de ces dernières, horizontaux, forment un angle de 30° avec l'axe du cylindre. C'est la seule manière possible d'appliquer les soupapes au fond du cylindre, tout en leur conservant une section d'échappement suffisante, sans augmenter l'espace nuisible, et en réservant encore assez de place pour le presse-étoupe. Les soupapes sont en acier, à plateau (*fig.* 13 et 14), et leur tige porte une butée pour

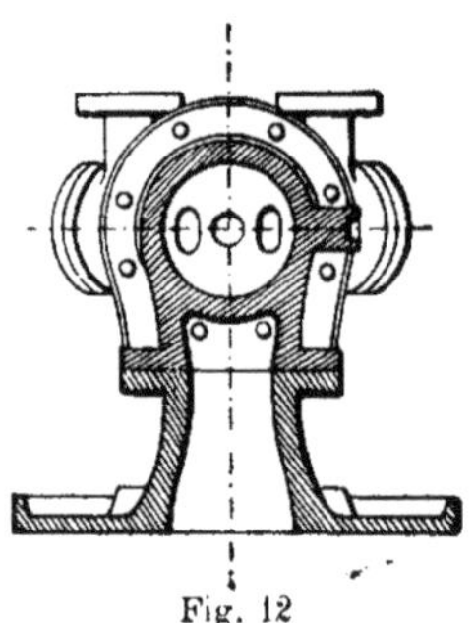

Fig. 12

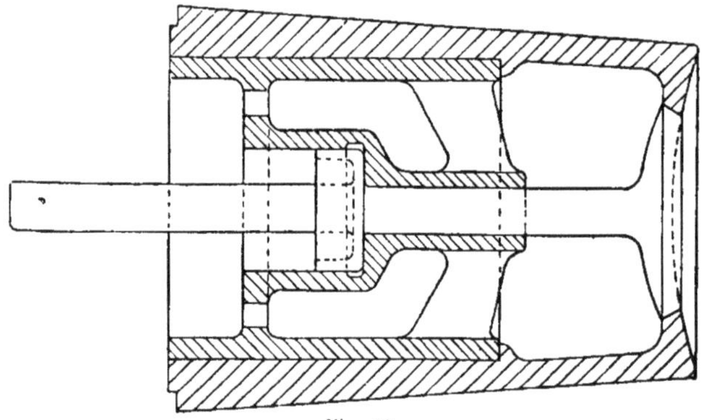

Fig. 13

le ressort. Cette butée se trouve à l'extrémité de la tige des soupapes aspirantes, au milieu de celle des soupapes de refoulement et sert, en partie, dans ce dernier cas, à la direction du mouvement. Comme le tout est tourné en une seule pièce, les glissières des soupapes doivent être exécutées en deux parties, pour permettre la mise en place. Elles sont reliées par des renforcements à la boîte proprement dite, qui est conique comme l'enveloppe et serrée dans cette dernière

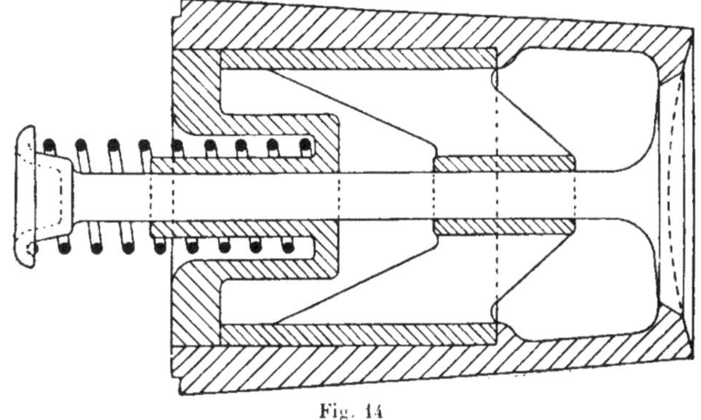

Fig. 14

par un couvercle. Les plateaux des soupapes et leurs sièges sont en fonte fine et les parties tournées vers l'intérieur épousent, entièrement, la forme sphérique du fond, pour éviter tout espace nuisible.

La vitesse moyenne du piston ne dépasse guère 1 mètre à la seconde, tant pour ne pas déranger le jeu régulier des soupapes que pour éviter de fortes résistances dans les conduites ; il en résulte que le rapport du diamètre à la course sera de 0,6 à 0,75, selon la dimension du compresseur. La section d'échappement des soupapes et de la conduite d'aspiration doit comporter 1/10 à 1/12, celle des soupapes et de la conduite de refoulement 1/15 au moins de la surface active moyenne du piston ; cela correspond à une vitesse d'écoulement du fluide de 10 mètres à 15 mètres par seconde. Il est, du reste, inévitable que pendant le passage par les soupapes, cette vitesse se double ou se triple, car l'expérience a établi que les soupapes ne livrent jamais le quart de la section d'écoulement, théoriquement admise, cela en raison, surtout, de ressorts trop puissants. Il est donc important de choisir les ressorts aussi faibles que possible sans aller cependant jusqu'à nuire par là au fonctionnement rapide des soupapes.

Le piston (*fig.* 15), s'applique exactement aux fonds du cylindre et se compose de deux pièces creuses en fonte, serrées l'une contre l'autre, par un écrou noyé se vissant à l'extrémité de la tige. Ces deux pièces maintiennent les segments du cylindre et le ressort sous-jacent.

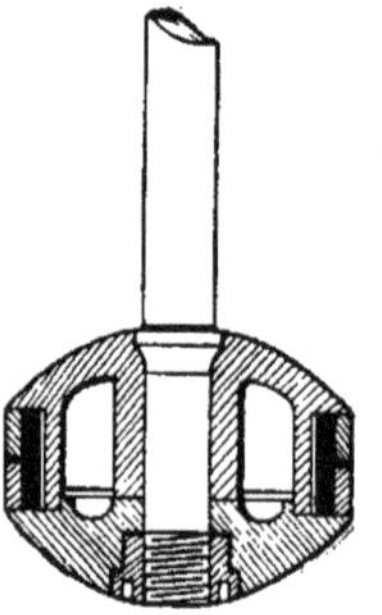
Fig. 15

Ainsi qu'on l'a vu, dans les fig. 8 et 9, les deux paires de canaux d'aspiration et de refoulement se réunissent en deux conduites uniques de refoulement et d'aspiration, ayant chacune un robinet de commande. Ces organes n'ont rien de remarquable, sinon qu'ils sont tout en fer, le cuivre et ses alliages étant rapidement attaqués par l'ammoniaque. La conduite de refoulement est munie d'un robinet de purge (visible figure 9 sur la partie de cette conduite passant sous le compresseur); il permet de vider rapidement le compresseur en cas d'inspection ou de réparation, même lorsque la conduite de refoulement est condamnée. On y adapte simplement un tube en caoutchouc dont on plonge l'autre extrémité dans de l'eau, qui absorbe l'ammoniaque très rapidement.

Le presse-étoupe est un des organes essentiels; il doit, non seulement empêcher toute fuite d'ammoniaque, mais aussi toute entrée d'air dans le compresseur. Comme l'ammoniaque parcourt un cycle fermé, la sécurité de la marche dépend principalement de la bonne exécution et de l'entretien de cet organe.

Linde, le premier, trouva une solution satisfaisante, en intercalant entre les tresses d'étoupe une gaîne d'huile, c'est-à-dire un anneau creux à double couronne, rempli d'huile, ne touchant pas la tige du piston et communiquant avec la conduite d'aspiration par deux orifices pratiqués dans le col du presse-étoupe (*fig.* 16 et 17).

L'anneau du fond est en métal blanc; la lunette qui

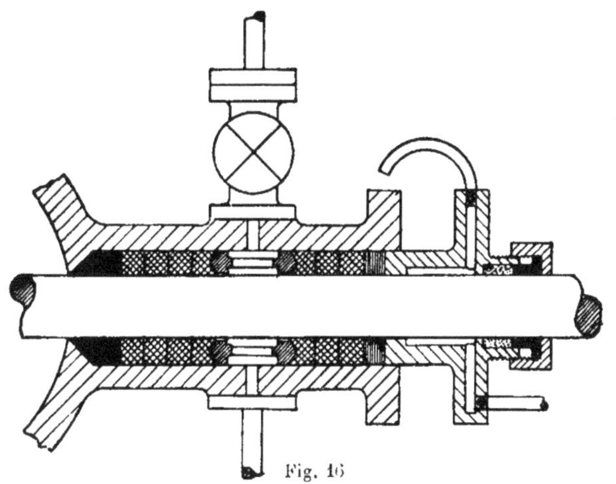

Fig. 16

comprime légèrement les tresses par l'intermédiaire d'une rondelle en caoutchouc, possède un espace creux dans lequel circule constamment de l'huile minérale (huile de Bakou) ; l'alimentation est faite par une petite pompe à huile, actionnée au moyen d'une cordelette et fixée immédiatement au-dessous du presse-étoupe (*fig.* 17). Une partie de cette huile s'écoule par un orifice spécial, le reste est entraîné par la tige à l'intérieur du compresseur.

La plus grande partie de l'huile entraînée est retenue dans des appareils que nous étudierons plus loin, car sa présence dans les tubes du condenseur et du réfrigé-

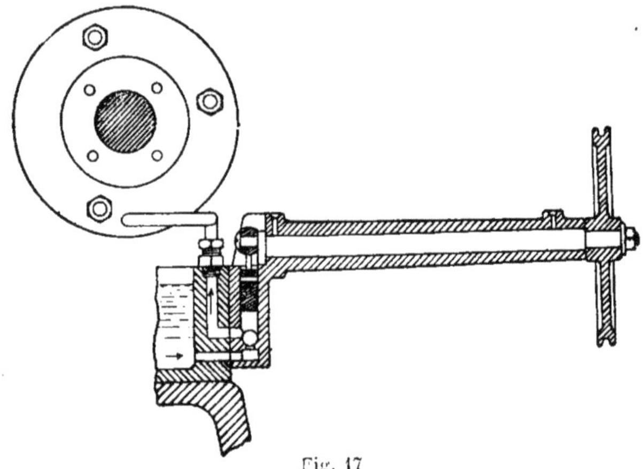

Fig. 17

rant serait un obstacle à la transmission de chaleur à travers leurs parois.

Fixary modifia plus tard le presse-étoupe Linde, comme l'indiquent les figures 18 et 19 ; il agrandit considérablement la gaîne d'huile et pratiqua à l'intérieur de la lunette une cavité parfaitement étanche, dans laquelle aboutit une dérivation d'ammoniaque du condenseur ; cette ammoniaque s'évapore et provoque, par la congélation de l'huile contenue dans le presse-étoupe, la formation d'un joint pâteux parfaitement étanche. L'expérience a toutefois prouvé que, si l'on surveille le presse-étoupe avec quelque attention, cette congélation est une complication superflue et on y a renoncé. Le presse-étoupe Fixary ne se distingue plus de l'autre que par l'afflux direct en *c* et *d* de l'huile vers la gaîne, cette dernière étant reliée à la conduite d'aspiration par le tube *e*.

La circulation constante d'huile à travers le presse-étoupe, exigeant une certaine surveillance de la part

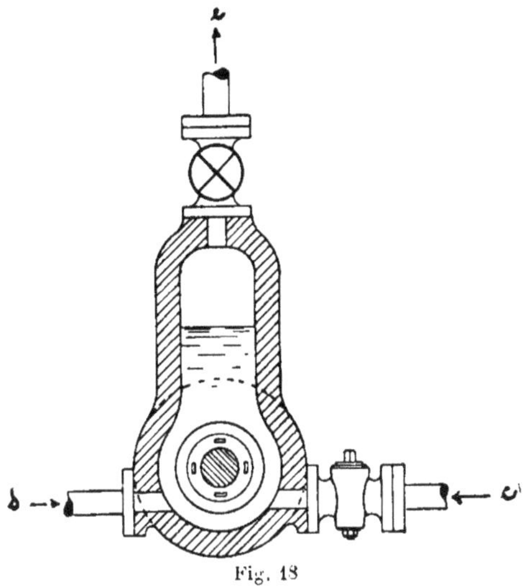

Fig. 18

du machiniste, et les petites pompes à huile indispen-

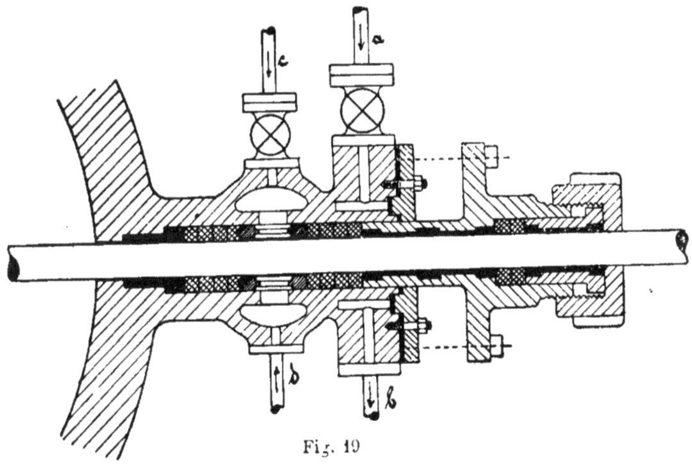

Fig. 19

sables constituant une complication, il est naturel qu'on

ait cherché à appliquer aux compresseurs les garnitures en métal, qu'on emploie avec tant de succès pour les machines à vapeur. Le constructeur Friese (Dortmund), a proposé la meilleure solution : deux spirales de section triangulaire à arêtes émoussées se vissant l'une dans l'autre ; celle qui est appliquée à la tige est en métal blanc, l'autre en acier ; on la serre contre le col du presse-étoupe au moyen de la lunette (*fig.* 20). Cette dernière est creuse et reçoit l'huile d'un grais-

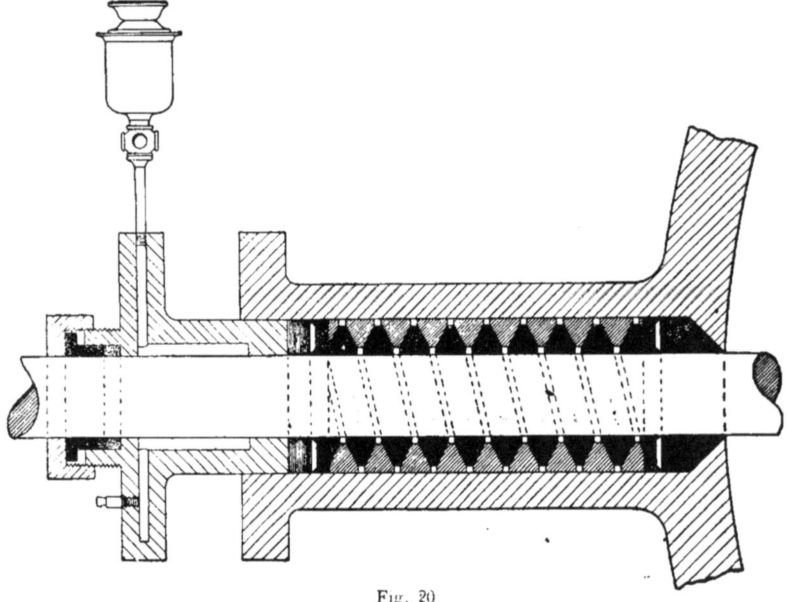

Fig. 20

seur ordinaire ; elle serre la garniture par l'intermédiaire d'une rondelle en caoutchouc.

Dans tous les presse-étoupe considérés jusqu'ici (1),

(1) Voir, au sujet de quelques autres systèmes, la publication de C. Schmitz ; quelques-unes des figures ci-dessus sont empruntées à cet ouvrage.

on applique sur la lunette une faible garniture de feutre, maintenue par un anneau et une douille vissée, pour empêcher tout écoulement d'huile à l'extérieur.

7. Détendeurs et séparateurs d'huile des machines à ammoniaque. — Le détendeur (*fig.* 21), qui sert à régler le passage du gaz liquéfié du condenseur au réfrigérant, se compose, dans presque toutes les machines à ammoniaque, d'une noix de robinet ordinaire, mobile autour de la tige et terminée par une seconde noix en tronc de cône très allongé. C'est cette dernière qui opère le réglage en modifiant la section d'écoulement. On agit sur le robinet au moyen d'une manivelle et la mise au point se fait en se guidant sur l'observation des manomètres du condenseur et du réfrigérant ; lorsque le compresseur agit sur des gaz humides, on observe également l'échauffement de la conduite de refoulement ; on doit pouvoir la toucher de la main sans se brûler. Ce contrôle, fort simple, cesse lorsque le compresseur travaille avec des gaz surchauffés (1) ; l'expérience prouve que, non seulement cela n'est pas nuisible à la machine, mais encore qu'on provoque ainsi une augmentation

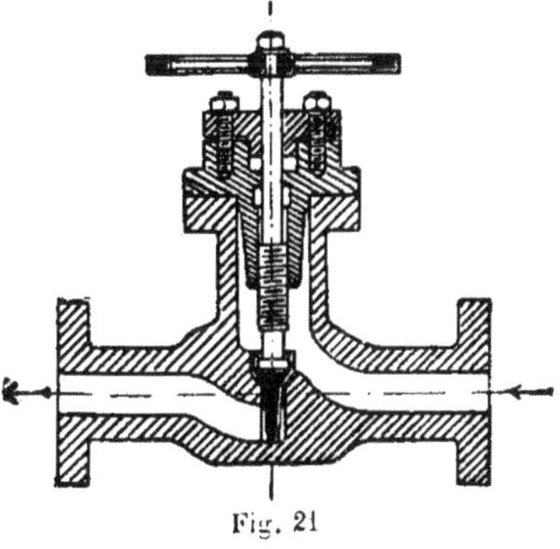

Fig. 21

(1) Ce cas commence au moment où le gaz aspiré par le compresseur est précisément saturé et sec, ainsi que nous l'avons supposé dans les exemples des §§ 2 et 3.

sensible de rendement. On ne peut, dans ce cas, se guider que par l'observation des manomètres.

On a cherché à rendre l'équilibre dynamique de la machine, une fois celui-ci réalisé, aussi indépendant que possible de toute manipulation du machiniste, en fixant la position du robinet par un signe extérieur, au moyen, par exemple, de divisions sur la manivelle [1]. Une autre solution fut proposée par Linde : il anime le robinet de détente d'un mouvement de rotation continu ; la noix est percée d'un canal à angle droit (*fig.* 22) qui est constamment en communication avec une cavité R

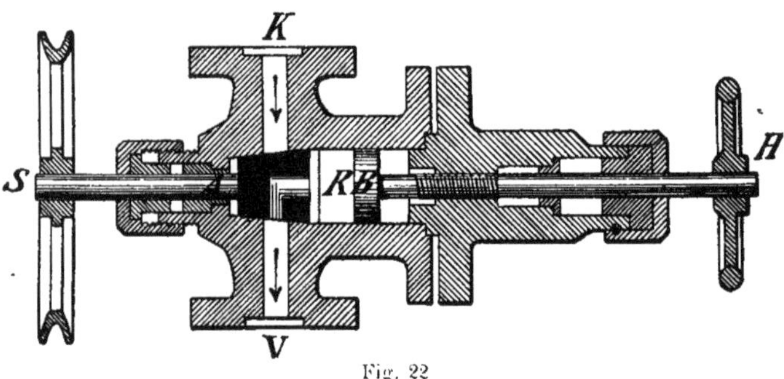

Fig. 22

dont on modifie le volume au moyen du piston B actionné par la manivelle A. Le mouvement de rotation imprimé au robinet par le compresseur, lui est transmis par la poulie S; au cours d'une rotation entière, l'espace B est d'abord en communication avec la conduite K venant du condenseur, se remplit de liquide condensé, qui s'écoule par le canal V dans le réfrigérant, après une demi-rotation du robinet. Il suffit,

[1] Voir, au sujet de quelques autres systèmes, la publication de C. Schmitz, dans *Zeitschrift für d. ges. Kälteind*, 1895, livr. 12.

pour le réglage, de mettre, une fois pour toutes, le piston B au point. Bien que ce système ait, en général, donné des résultats satisfaisants, Linde chercha une combinaison plus parfaite encore et construisit l'appareil représenté à la figure 23, qui permet de répartir

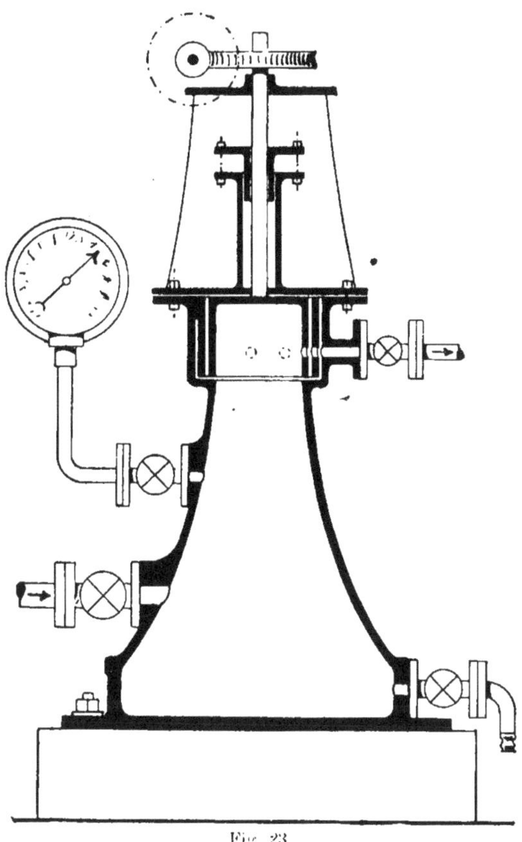

Fig. 23

également le fluide sur tous les serpentins du réfrigérant.

L'ammoniaque liquide pénètre dans le socle creux,

comme dans un réservoir où l'huile entraînée peut se déposer; on le purge de temps en temps. La noix creuse tourne autour d'un axe vertical, et grâce à une ouverture unique pratiquée dans sa paroi, relie successivement dans une rotation complète tous les tubes du réfrigérant aboutissant à l'appareil, exactement à la hauteur du robinet, avec le réservoir à ammoniaque, dans le socle. Par cette répartition égale du fluide, on utilise plus parfaitement la surface d'échange de *tous* les serpentins, et tant que le détendeur fonctionne dans de bonnes conditions, c'est-à-dire qu'il ne se produit pas de fuites autour de la noix, on peut arriver à un rendement de 20 % supérieur au rendement ordinaire.

Il est très important d'empêcher, autant que possible, les entraînements d'huile dans les tuyaux du condenseur et du réfrigérant, car cela influe très défavorablement sur le fonctionnement de ces derniers. La séparation de l'huile est plus facile lorsque le compresseur travaille avec des vapeurs surchauffées, parce que ces dernières ne sont, à haute température, que faiblement absorbées par l'huile. La purification se fait dans un *séparateur d'huile* (*fig.* 24 et 25), que Linde et la plupart des constructeurs placent à côté du compresseur et dans lequel débouche la conduite de refoulement. Un clapet de retenue, placé devant l'appareil, empêche tout retour de gaz au compresseur. L'huile se rassemble au fond du récipient et s'écoule dans un collecteur par un robinet constamment en rotation et qui, à chaque tour, livre passage à une certaine quantité d'huile. L'ammoniaque purifiée s'échappe vers le condenseur par le tube vertical pénétrant au centre du récipient.

Le collecteur est pourvu d'une cuvette extérieure, qu'on remplit d'eau chaude, pour chasser les restes d'ammoniaque retenus par l'huile ; on fait passer cette ammoniaque dans le réfrigérant ou, ce qui est encore préférable, dans la conduite d'aspiration. La Société de construction de Nuremberg, anciennement Klett et Cie, a heureusement combiné séparateur et collecteur d'huile en un seul appareil (*fig.* 26). On a simplement transformé le socle du séparateur en collecteur, muni d'un double fond formant réservoir d'eau chaude. L'écoulement de l'huile de l'un des appareils dans l'autre a lieu

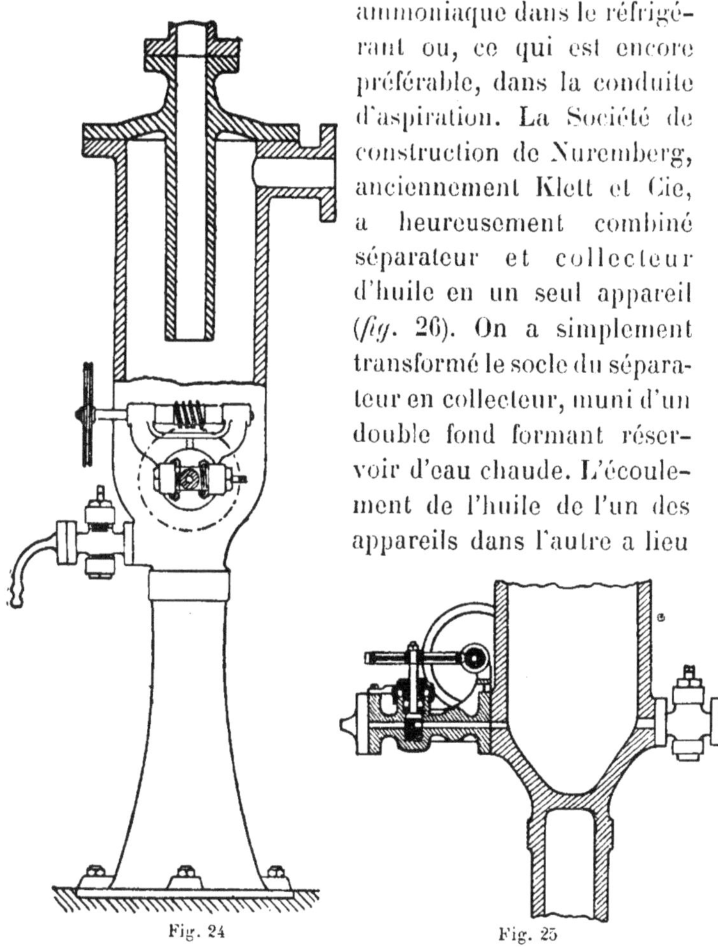

Fig. 24

Fig. 25

par un robinet, dont on observe le fonctionnement au moyen d'un tube de niveau en verre.

La disposition de la Société « Humbodt », à Kalk, près Cologne, est moins heureuse : le séparateur est fixé à la paroi du condenseur; les vapeurs y pénètrent déjà sensiblement refroidies et l'huile, qui se dépose en partie dans la conduite de refoulement, y forme des dépôts gras. La figure 27 donne une idée de cet appareil; il est en fonte, en forme de cylindre évasé vers le bas, avec un tuyau d'arrivée d'ammoniaque central, et échappement latéral. A l'intérieur, se trouve un tube en tôle, terminé à sa partie inférieure par un cône percé d'ouvertures.

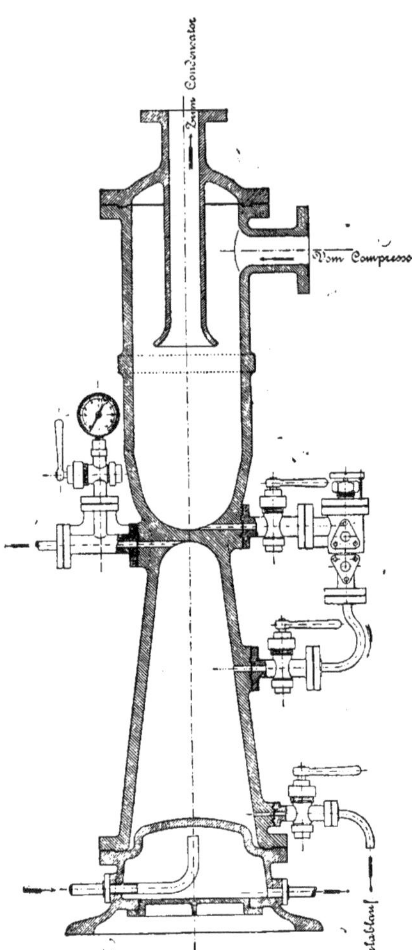

Fig. 26. — Vom Compressor : *arrivée des gaz du compresseur*. — Zum Condensor : *conduite allant au condenseur*. — Oelablauf : *écoulement de l'huile*.

En s'échappant de ces dernières, l'ammoniaque traverse une série de tamis placés dans la partie évasée du cylindre et qui retiennent les gouttelettes d'huile; celle-ci se rassemble au bas du cylindre et s'écoule dans le collecteur, récipient en fonte, qu'on chauffe au moyen d'un serpentin pour volatiliser les dernières traces d'ammoniaque. Cette construction est beaucoup plus compliquée que les précédentes.

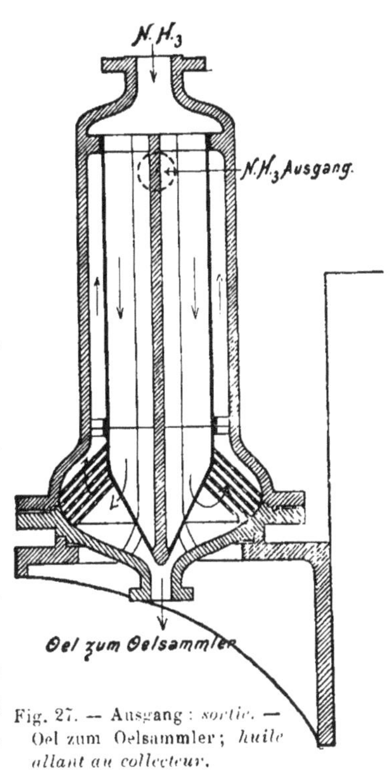

Fig. 27. — Ausgang : *sortie*. — Oel zum Oelsammler ; *huile allant au collecteur*.

On intercale dans la conduite d'aspiration, à peu de distance du compresseur, un pot en fonte, pourvu d'un tamis pour retenir des particules solides, et en particulier la battiture qui peut se trouver dans les serpentins. Il faut inspecter et nettoyer de temps en temps ce tamis, car un engorgement, même partiel, augmente la résistance à l'aspiration, ou peut provoquer un déchirement du tamis.

8. Compresseurs à acide carbonique. — Deux conditions principales sont ici posées au constructeur ; résistance à de très fortes pressions et étanchéité parfaite. La conséquence de la première de ces conditions est l'emploi d'un métal très résistant et sans soufflures (fonte de fer très fine ou fonte d'acier), ainsi que la nécessité de limiter le diamètre des compresseurs ; il faut, en effet, éviter de donner aux parois une épaisseur trop considérable, parce que cela nuit, comme on sait, à la pureté de la fonte. Quant à l'étanchéité, on ne peut la réaliser qu'en employant, cela va sans dire, un métal de premier choix, et surtout en diminuant le plus possible le nombre des joints. On y parvient, en réunissant les deux soupapes de refoulement placées, en général, à la partie supérieure du cylindre, par un canal commun, tandis que dans les machines à ammoniaque chaque soupape est reliée par un tuyau spécial à la conduite commune. L'une des soupapes d'aspiration est, en général, combinée avec le fond d'arrière ; à l'avant se trouve soit une soupape unique, dirigée obliquement vers le bas, soit deux soupapes latérales qu'on ne peut appliquer, pour avoir la place suffisante, que sur un fond bombé.

On adopte, en général, la première de ces dispositions lorsque le cylindre est fixé latéralement au bâti (*fig.* 28 à 30), de sorte que sa partie inférieure présente

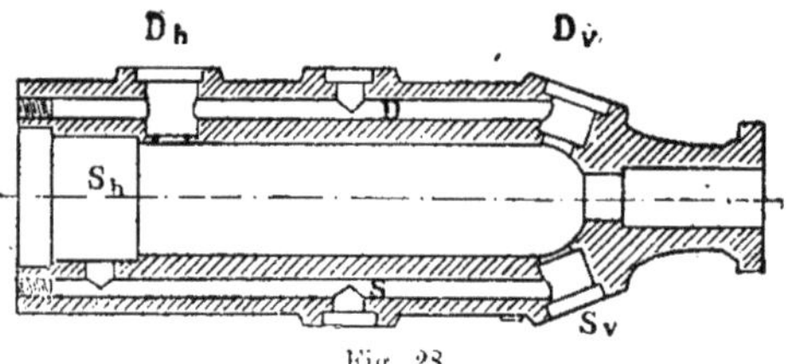

Fig. 28

une surface libre suffisante pour la soupape d'aspiration, ainsi que pour le joint d'une conduite d'aspiration centrale. Un canal intérieur pour l'aspiration est ici tout indiqué. Dans le second type de compresseurs (*fig.* 31 à 33), la place faisant totalement défaut à la partie inférieure, les soupapes latérales s'imposent ; elles ont également un canal d'aspiration commun foré dans la fonte à la partie inférieure du cylindre et

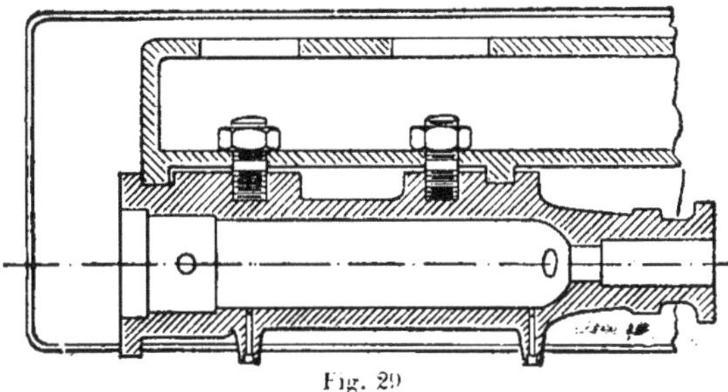

Fig. 29

communiquant par l'arrière avec la conduite d'arrivée. Il serait facile de raccorder à ce canal la soupape de l'arrière, cependant la position asymétrique de ces trois soupapes, par rapport à la conduite d'aspiration, provoquerait un fonctionnement inégal de ces organes ; la soupape d'arrière absorberait la majeure partie du fluide au détriment de celles de l'avant, de sorte qu'il est préférable de la séparer complètement.

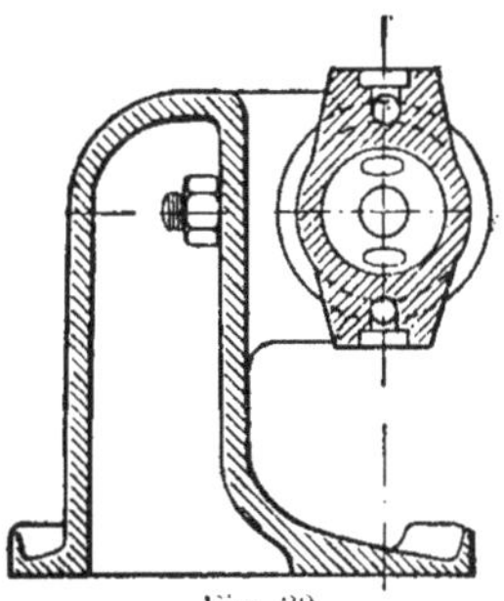

Fig. 30

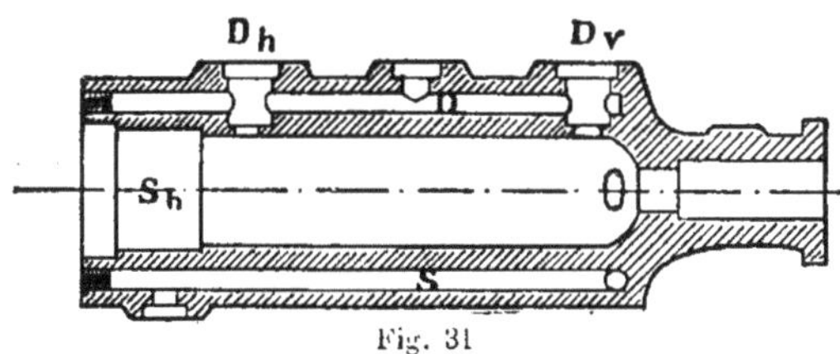

Fig. 31

Le fluide y accède par un orifice latéral particulier.

Les figures ci-dessus, dont la compréhension sera facile, après les remarques qui précèdent, représentent pour ces deux différents types le mode d'assujettissement du cylindre au bâti. Les lettres S et D indiquent les canaux d'aspiration et de refoulement avec leurs

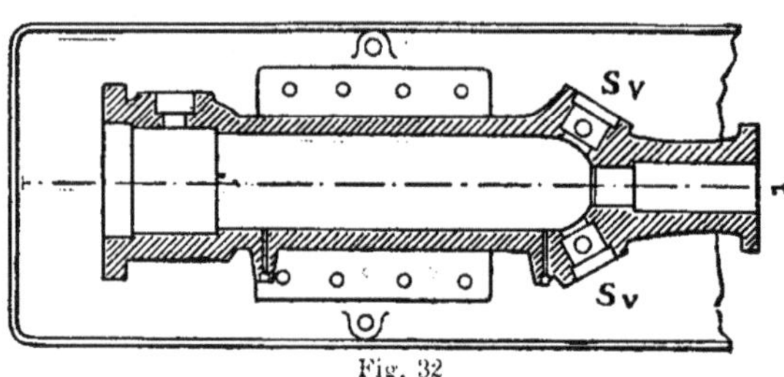

Fig. 32

joints respectifs, S_v D_v les soupapes d'aspiration et de refoulement à l'avant, S_h D_h à l'arrière. Les cylindres ont, en outre, une enveloppe en tôle que traversent seules les ouvertures pour fixer l'indicateur et les brides pour les joints et les fermetures des soupapes.

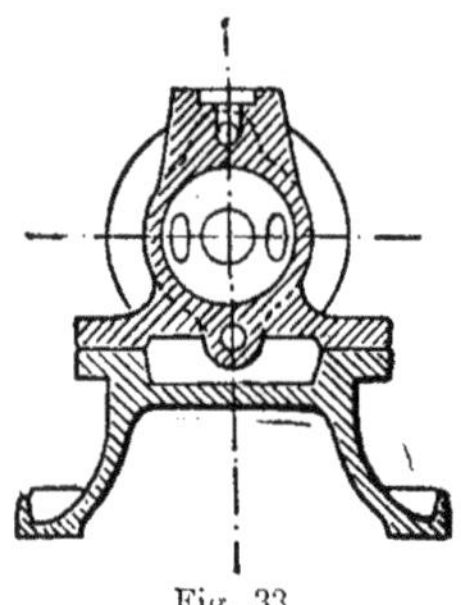

Fig. 33

En raison des pressions considérables qui se produisent à l'intérieur du compresseur, la construction du presse-étoupe a présenté, à l'origine, de grosses difficultés, d'autant plus que la tige du piston a, par rapport au diamètre du cylindre, une section considérable. On n'a pu réaliser l'étanchéité parfaite qu'en adoptant, comme on l'a fait pour les machines à ammoniaque, une gaîne de lubréfiant (en général de la glycérine), qu'on fait communiquer avec la conduite d'aspiration, pour ramener dans le compresseur l'acide carbonique qui s'échappe par le presse-étoupe. La gaîne est donc constamment sous la même pression que le réfrigérant (25 à 30 kilogrammes par centimètre carré).

Les meilleures garnitures, lorsque le graissage est

fait avec de l'huile minérale, consistent en rondelles en caoutchouc, avec couches de coton qui garnissent la face intérieure et se ramifient en forme d'étoile dans le caoutchouc. Lorsqu'on se sert uniquement de glycérine pour la lubrification, une excellente garniture est celle qu'applique la fabrique L. A. Riedinger à Augsbourg : deux manchettes en cuir, maintenues par des rondelles en caoutchouc. La figure **34** représente un presse-étoupe complet de ce type. Les

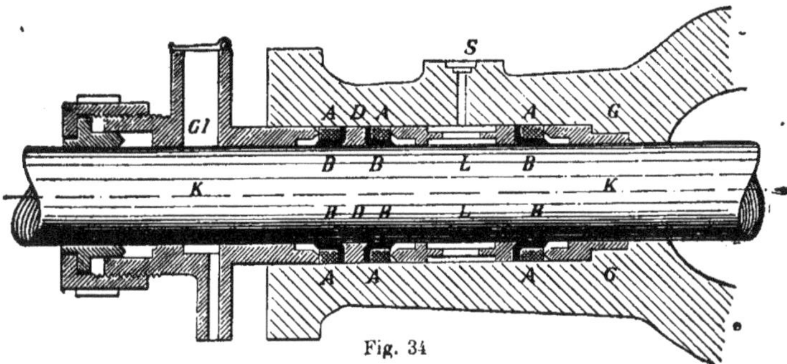

Fig. 34

manchettes en cuir B n'ont aucune élasticité propre, mais la glycérine du réservoir G*l*, entraînée par la tige K, leur conserve leur souplesse et les rubans en caoutchouc A les appliquent fortement à la tige du piston. Cette dernière est en acier, tandis que les différentes parties du presse-étoupe, anneau de fond G, la gaîne L, et l'anneau D sont en bronze. Pour empêcher la glycérine de s'écouler à l'extérieur, on place devant le réservoir G*l* un presse-étoupe ordinaire, qu'on peut serrer au moyen d'un pas de vis, et dont la garniture (en général en feutre), n'est soumise qu'à une pression insignifiante.

Les différentes pièces du presse-étoupe doivent être travaillées de telle manière qu'elles glissent à frottement doux sur la tige du piston. Le canal S réunit la gaîne d'huile et l'aspiration.

Il faut surtout s'assurer, au moment de la mise en marche, que la pièce qui porte le réservoir à glycérine n'est pas serrée trop à fond, et on veillera particulièrement à ce que les trois écrous qui la maintiennent, soient serrés exactement de même, pour éviter que la pièce ne se fausse pendant la marche. Il est inutile de serrer fortement le presse-étoupe, parce que le caoutchouc imprégné d'acide carbonique se gonfle et exerce une pression considérable sur les manchettes. On peut toujours vérifier l'état du presse-étoupe en observant le réservoir à glycérine; il ne doit s'y dégager qu'une bulle de gaz de temps à autre, et jamais le dégagement ne doit être assez violent pour faire mousser la glycérine.

Un autre organe des plus importants est le piston qui, dans les compresseurs à double effet, doit empêcher les fuites dans les deux sens. Il est impossible d'arriver à ce résultat avec des segments métalliques, aussi a-t-on le plus souvent recours, ainsi que l'indique la figure 35, à une garniture formée de deux manchettes

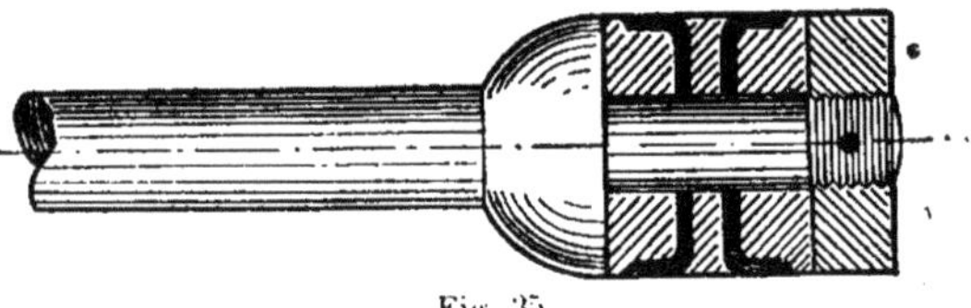

Fig. 35

en cuir, agissant chacune dans une direction opposée, prises entre des anneaux de bronze, serrés eux-mêmes par un écrou en fer doux, assuré au moyen d'une goupille. Ces manchettes s'adaptent d'autant mieux aux parois du cylindre que les pressions des deux côtés du piston diffèrent davantage ; l'acide carbonique pénètre alors sous les manchettes. Il est bon de construire le piston de telle manière que les parties en bronze s'adaptent exactement aux parois du cylindre, tandis qu'on laisse aux pièces en fer un jeu de un demi millimètre environ, de manière à ce qu'elles n'entrent pas en contact avec les parois.

Les manchettes du piston, en cuir de bœuf, ont une épaisseur de 4 à 5 millimètres ; celles du presse-étoupe n'ont que 3 millimètres ; on les fabrique à la main, au moyen de la presse à vis, représentée dans les figures 36 et 37. Le machiniste peut, en tout temps, au moyen de ces presses, préparer les manchettes nécessaires ; les

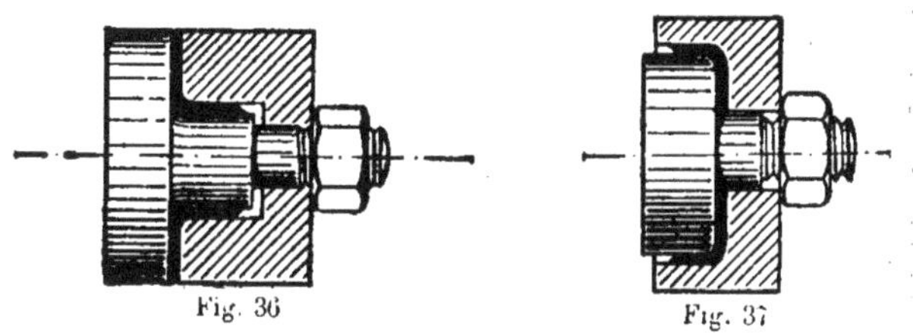

Fig. 36 Fig. 37

rubans en caoutchouc doivent, par contre, être coupés très exactement dans la fabrique même. Les manchettes en cuir ont naturellement une durée moindre que les segments métalliques ; une garniture complète doit cependant, dans des conditions normales, durer toute une saison (mars à octobre). Il existe des exemples de durée plus longue. Il est très important d'éviter tout échauffement un peu considérable du compresseur, le cuir devenant collant entre 70 et 80° ; il n'y a là du reste aucune difficulté sérieuse pour un bon machiniste.

De même que dans les machines à ammoniaque, les soupapes automatiques ont donné ici aussi d'excellents résultats. Un principe essentiel, est que le siège des soupapes fasse corps avec la boîte même ; il en est, en général, de même pour le guide de la tige de la soupape, ou tout au moins ce dernier doit-il être très exactement centré dans la boîte, à l'aide de surfaces cylindriques ou coniques. Si la boîte et le guide sont exécutés en deux pièces séparées, elles ne doivent pas, en tout cas, être vissées, mais simplement emboîtées l'une dans l'autre ; le serrage s'opère au moyen de la fermeture de la boîte. Les soupapes sont appliquées sur leurs sièges par des ressorts de force moyenne ; bien qu'on puisse supprimer ceux-ci lorsque les soupapes sont verticales, on les conserve cependant dans ce cas pour assurer un fonctionnement parfait. Les ressorts des soupapes horizontales doivent être un peu plus forts que les autres, pour vaincre les résistances de frottement provenant du guide. Les soupapes représentées dans les figures 38 à 41 sont construites d'après les principes qu'on vient d'énoncer. Dans les soupapes aspirante (*fig.* 38) et foulante (*fig.* 39), la butée T, la tige

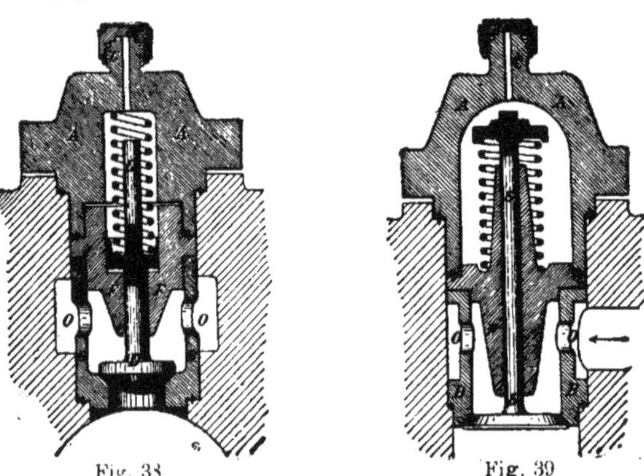

Fig. 38 Fig. 39

et le plateau forment une seule pièce ; le guide doit forcément être exécuté en deux parties. Cette disposition est excellente, à condition que toutes les pièces soient soigneusement travaillées. Il faut, en outre, éviter de placer le guide des soupapes horizontales, de telle manière que la surface de séparation des deux parties tombe dans un plan vertical, car il se forme, par l'usure, à la surface de la tige, une arête qui peut facilement provoquer un grippement.

Ce type de soupape présente presque régulièrement une ouverture C, pratiquée dans la fermeture, qui permet de contrôler l'état des ressorts sans qu'il soit nécessaire d'ouvrir complètement la boîte; cela a, du reste, peu d'utilité. Cette ouverture est condamnée par un écrou en bronze. La boîte proprement dite B, porte le siège de la soupape, incliné d'ordinaire à 45° sur l'axe de cette dernière; le fluide y pénètre ou s'en échappe par une ouverture de la paroi, O; la boîte s'adapte à une cavité du cylindre, dans lequel aboutit la conduite d'aspiration ou de refoulement.

La construction des soupapes représentées dans les figures 40 et 41 est plus simple. La butée du ressort

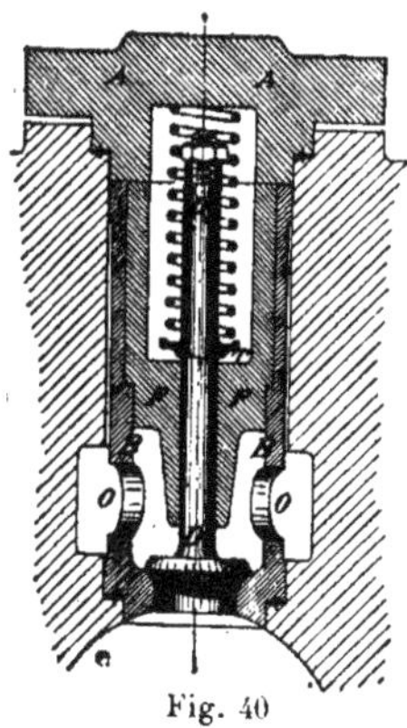

Fig. 40

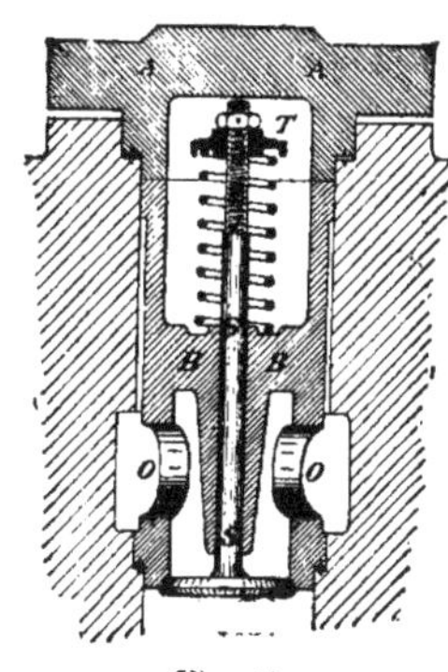

Fig. 41

étant vissée sur la tige on peut exécuter le guide F en

une seule pièce ; en outre, dans les soupapes aspirantes, ce dernier fait corps avec la boîte proprement dite. Il n'y a aucune difficulté à donner au guide la longueur voulue, et on peut, en outre, régler la tension du ressort en déplaçant la butée T. Comme les boîtes B ont une longueur assez considérable, elles ne s'adaptent aux parois du cylindre que par des surfaces d'ajustage à chaque extrémité ; cela facilite le démontage des soupapes. C'est dans ce but également que la partie supérieure de la boîte est filetée intérieurement ; on peut alors la soulever facilement au moyen d'un tube de même diamètre, qui s'adapte au pas de vis et donne la prise nécessaire (*fig*. 42).

Les plateaux et les tiges des soupapes sont toujours en acier au creuset de première qualité ; les guides, boîtes et sièges en bronze phosphoreux ; les plateaux doivent reposer sur les sièges par une surface soigneusement polie et assez large. Les fermetures A sont, en général, en fonte fine ou, pour des machines plus luxueuses, en bronze. Il est nécessaire, pour le bon fonctionnement des soupapes, que les différentes parties en soient soigneusement ajustées avant la mise en place ; l'ajustage de la soupape sur son siège, en particulier, soit lors du montage, soit plus tard en cas de révision, ne doit jamais se faire que lorsque toutes les parties de l'organe ont été assemblées.

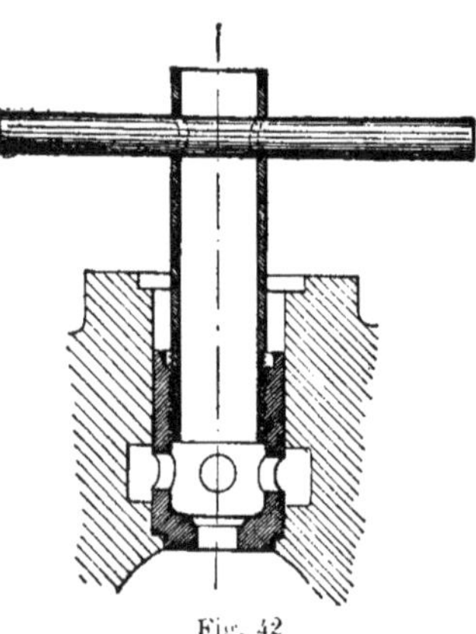
Fig. 42

Le diamètre du cylindre est, selon la puissance de la machine, d'un tiers à un quart de la course ; la vitesse moyenne du piston ne dépasse pas 0,6 mètre à la seconde. L'échappement de la soupape d'aspiration à l'arrière présente au maximum la moitié de la surface agissante du piston, tandis qu'à l'avant elle atteint à peine un quart de cette dernière ; la vitesse du fluide à l'aspiration varie donc de 1,2 à 2,5 mètres. Les soupapes de refoulement ont toutes les mêmes dimensions, et des sections d'écoulement de 1/7 à 1/10 de la surface du piston. La vitesse du fluide pendant la décharge peut donc s'élever momentanément à 10 mètres, mais atteint en moyenne à peine 4 mètres.

9. Détendeur et organes de sûreté des machines à acide carbonique. — Les lubréfiants, et la glycérine, en particulier, que l'on emploie principalement, n'absorbent que fort peu d'acide carbonique. En outre, la glycérine entraînée n'empêche aucunement la transmission de chaleur dans les appareils, de sorte qu'on peut supprimer les séparateurs d'huile.

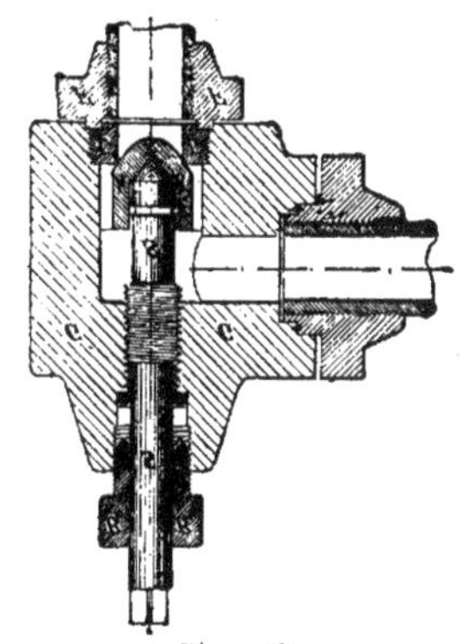

Fig. 43

Le détendeur est absolument analogue aux robinets de commande du compresseur. Il se compose (*fig.* 43) d'une boîte G, généralement en fonte, livrant passage, à sa partie supérieure, à la tige du robinet ; l'herméticité est assurée par un presse-étoupe ordinaire. Cette tige, qui s'élève ou s'abaisse au moyen d'un fin pas de vis, porte à son extrémité inférieure une douille K, mobile autour de la tige et maintenue simplement par une goupille; cette douille porte la noix qui vient appuyer sur le siège en bronze I; ce dernier est vissé à la partie inférieure de la boîte et maintenu par une bride F. La douille K est indispensable, parce que les pas de vis différents de la tige et du siège ne permettent pas un centrage exact. L'étanchéité de ces robinets est parfaite, tant que les surfaces de contact sont intactes, mais il suffit de traces d'acide chlorhydrique (fréquent lorsque l'acide carbonique est préparé chimiquement et ne provient pas de sources naturelles), pour les attaquer; il faut alors tourner la noix à nouveau ou, mieux encore, le remplacer. Le machiniste ne doit jamais négliger à la fin de la saison d'inspecter tous les robinets, et d'enduire d'un peu de graisse tous ceux qui sont en bon état; on enlève cette graisse au moment de la mise en marche.

Il reste à parler des organes de sûreté, destinés à prévenir une surélévation de tension, qui pourrait provoquer une explosion du compresseur. Le danger est moindre pour la tuyauterie, parce que, sous l'effort de la pression, elle crève simplement sans projeter d'éclats. En outre, les manomètres indiquent constamment la pression qui y règne, et permettent de contrôler exactement le fonctionnement de cette partie de l'installation. Cela n'est guère possible pour le compresseur, et il est certain que la plupart des accidents qu'on a eu à déplorer se sont produits parce que le compresseur a été mis en marche, la conduite de refoulement étant encore fermée. Le fluide aspiré est alors comprimé dans le canal de décharge, où il est rapidement soumis à une tension énorme, et provoque infailliblement une explosion du cylindre, s'il ne trouve aucune issue (1).

Il est donc indispensable de pourvoir la conduite de décharge d'un organe de sûreté. On a eu recours à trois procédés différents, pour débarrasser le canal de décharge d'un excédent d'acide carbonique; on laisse échapper le gaz par une soupape, soit directement à l'extérieur, soit dans le condenseur, soit, enfin, dans le réfrigérant. Le premier de ces procédés n'est autre chose que l'application directe des soupapes de sûreté des machines à vapeur; il a l'avantage d'avertir le machiniste du danger, par le bruit que fait l'acide carbonique en fusant par la soupape; une partie du fluide est, il est vrai, perdue. Les soupapes à ressort employées sur ces machines fonctionnent sous une pression de 150 atmosphères, elles grippent facilement et ne présentent plus avec le temps une sécurité absolue. On les remplace, de préférence, par de minces plaques en fonte, qui sont réduites en miettes à une pression de

---

(1) Avec la fonte fine de première qualité et les formes excessivement résistantes qu'on rencontre actuellement, l'explosion se produit aux environs des 500 à 600 atmosphères ; le compresseur fonctionne donc en marche normale (60 atmosphères) avec une sécurité de 8 à 10, ce qui est plus que suffisant. Il est facile de calculer après combien de tours de la machine l'explosion se produirait. Supposons que le volume moyen du fluide aspiré par un compresseur nº V, soit en chiffre rond 4,5 litres et la tension à l'admission 30 atmosphères. Le premier tour fait pénétrer dans le cylindre 9 litres de fluide et le comprime dans la conduite de décharge (fondue d'une seule pièce avec le cylindre). La contenance de cette dernière est pour le type supposé de 1 litre au maximum, de sorte que le fluide y est soumis à une tension de $9 \times 30 = 270$ atmosphères, à supposer que la conduite fût vide auparavant. Chaque nouveau tour doublerait à peu près cette pression. On néglige le fait qu'en raison d'une augmentation constante de la seconde détente après la compression (réexpansion), le poids du fluide aspiré diminue à mesure que la tension finale s'élève, tandis que, d'autre part, cette dernière s'élève plus rapidement qu'on ne l'a supposé plus haut, la chaleur de compression n'étant pas absorbée. En tout cas, après deux tours, la pression dépasse 500 atmosphères et l'on est bien près de la rupture.

150 atmosphères, et laissent libre toute la section d'échappement. La figure 44 représente une disposition de ce genre; un tube fermé à son extrémité et pourvu d'ouvertures latérales est placé sur la plaque P pour recueillir les éclats.

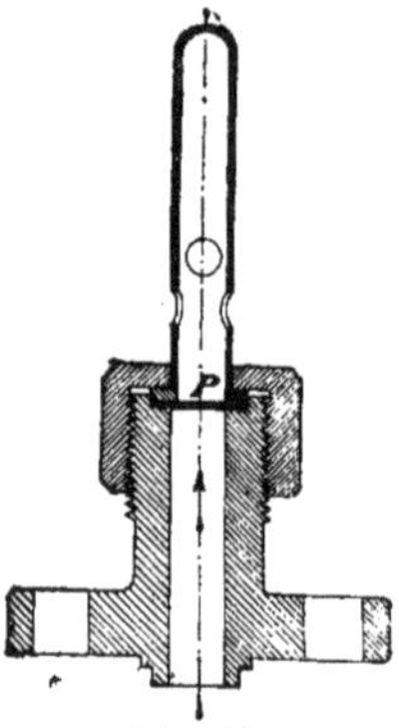

Fig. 44

En cas de rupture de la soupape de sûreté, la première chose à faire est d'arrêter le moteur ; ce n'est qu'ensuite qu'on touchera aux robinets.

Dans les machines à acide carbonique, tous les joints sont en plomb, sauf ceux qui peuvent être soumis à des secousses plus ou moins fortes et qu'on garnit de fibre vulcanisée; c'est une masse formée de plusieurs couches de papier, comprimées, après préparation spéciale, à la presse hydraulique, et qui s'achète sous forme de plaques (1).

10. Machines à acide sulfureux. — Elles se distinguent des deux types étudiés jusqu'ici par le volume relativement considérable du cylindre et les faibles tensions qui y règnent. Au point de vue théorique, elles sont proches parentes des machines à ammoniaque, mais n'en sont pas moins de plus en plus éclipsées par celles-ci. En Allemagne, elles sont fort rares, car les machines à acide carbonique leur font une redoutable concurrence; c'est en France que ce genre de machines est le plus répandu, en particulier dans les brasseries.

(1) On passera sous silence différentes modifications apportées à la machine à acide carbonique, cylindre d'alimentation, récipient intermédiaire, etc., qui en sont encore à la période d'essai.

L'acide sulfureux s'échauffe davantage à la compression que l'acide carbonique ou l'ammoniaque, en supposant, bien entendu, pour les trois corps, des températures identiques au condenseur et au réfrigérant (1); cela nécessite un refroidissement spécial des compresseurs (*fig.* 45 à 47). Les cylindres possèdent une enveloppe dans laquelle circule de l'eau froide ; le piston est creux et traversé également par un courant d'eau pénétrant par la tête de piston dans la tige creuse, et revenant en ce point par un tube de retour à l'intérieur de la tige (*fig.* 45). Comme la tête de piston est mobile, les tuyaux d'arrivée et d'écoulement doivent participer à son mouvement, aussi se sert-on, en général, de tuyaux en caoutchouc pour la raccorder avec les robi-

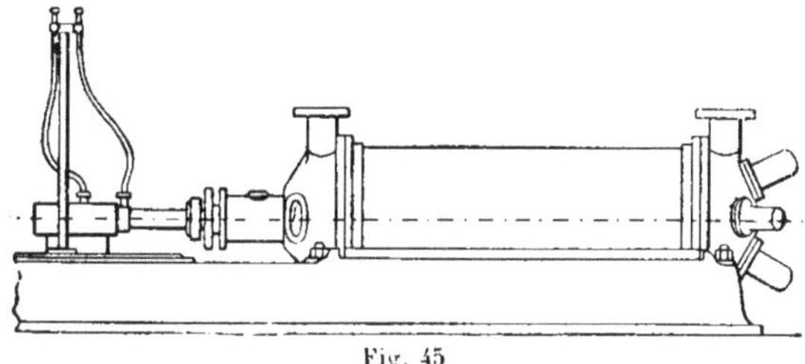

Fig. 45

nets de la tuyauterie, placés au-dessus de la glissière. C'est, si l'on se place au point de vue du constructeur, une solution fort peu élégante, mais elle a l'avantage d'être la plus simple et la plus sûre. Il faudrait, sans cela, recourir à des tuyaux rentrant l'un dans l'autre,

(1) Cette augmentation de température dépend principalement du quotient des tensions absolues au condenseur et au réfrigérant. Les valeurs de ce quotient déduites du tableau n° III, § 2, pour des températures de + 20° et — 10° C. sont : 3,23 pour SO^2, 3,01 pour NH^3 et 2,14 pour CO^2 ; ce quotient est donc très fort pour l'acide sulfureux, tandis qu'il atteint sa valeur minimum pour l'acide carbonique.

c'est-à-dire de longueur constamment variable et possédant des joints tournants ; il est évident que ces derniers ne seraient pas hermétiques et que l'eau dégoutterait sur la machine. On prolongeait autrefois la tige du piston, pour actionner une pompe d'alimentation ; on y a renoncé pour ne pas compliquer l'installation du compresseur et en rendre l'accès plus facile. Le refroidissement du cylindre n'a, du reste, d'importance que pour la conservation des garnitures du presse-étoupe et il est certain qu'il ne constitue qu'un perfectionnement insignifiant du fonctionnement de la machine, puisque la température de l'eau qui traverse l'enveloppe et le piston, est, en tout cas, supérieure à celle du fluide aspiré.

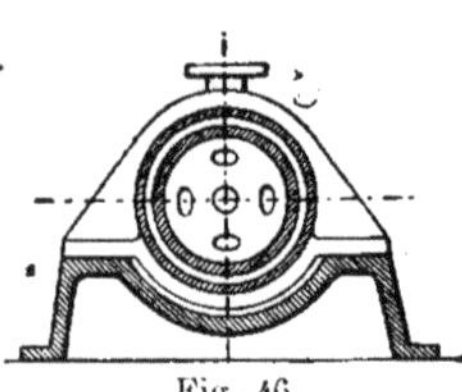

Fig. 46

L'eau de refroidissement n'apportera donc de la chaleur qu'après que le fluide aura atteint, par la compression, une température supérieure à celle de l'eau. Cette dernière ne sert donc pendant l'aspiration et une partie de la compression qu'au refroidissement des parois échauffées dans la période précédente; il n'est même pas impossible qu'elle transmette de la chaleur au fluide aspiré, ce qui, naturellement, élèverait en-

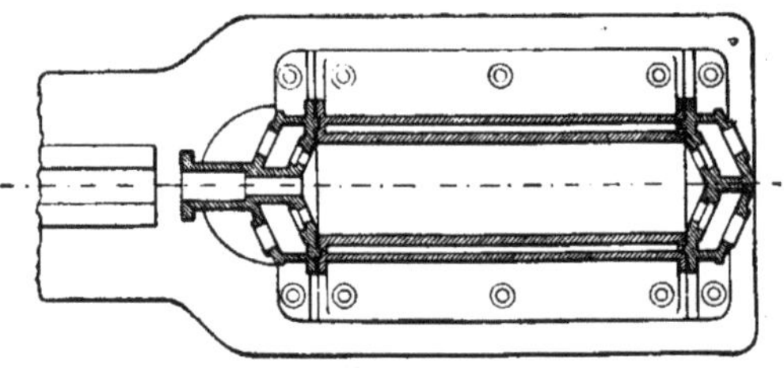

Fig. 47

core la température à la fin de la compression (1). On se contente souvent, dans les nouvelles machines, de refroidir le cylindre; la suppression de refroidissement du piston n'ayant jamais donné de mauvais résultat.

En raison des dimensions du cylindre, dont le diamètre s'augmente encore de l'épaisseur de l'enveloppe, il n'est pas possible, si l'on veut éviter une hauteur démesurée de la machine, de monter les compresseurs sur le bâti comme cela se fait pour les machines à ammoniaque ou à acide carbonique. On préfère noyer en partie le cylindre dans le bâti, en l'ajustant au moyen de brides latérales pourvues de renforcements (*fig.* 45 à 47).

Le presse-étoupe n'offre, d'ordinaire, rien de particulier. La figure 48 représente une disposition récente; on y voit également le mode d'assemblage de la tête du

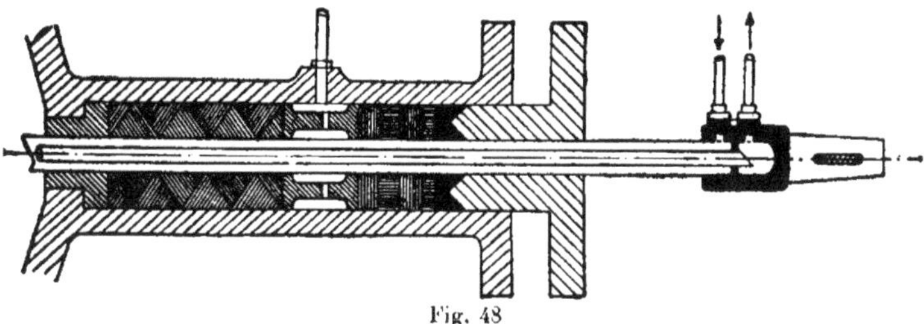

Fig. 48

piston et de la tige creuse, ainsi que la disposition pour

(1) D'après les essais de GUTERMUTH (*Zeitschrift d. vereins d. Ingenieure*, 1889, p. 290) et de la commission de Munich (SCHRŒTER. — « Untersuchungen an Kältemaschinen verschiedener systeme, 1890 »), la quantité de chaleur absorbée par une certaine quantité d'eau de refroidissement paraît à peu près indépendante de cette quantité ; selon qu'on augmente ou qu'on diminue cette dernière, la température s'abaisse ou s'élève à peu près proportionnellement. Le refroidissement réalisé est de 3 à 10 % de celui qu'on obtient au condenseur et dépend de l'état d'aggrégation du fluide aspiré ainsi que de la tension finale dans le compresseur.

la circulation d'eau. Le presse-étoupe possède aussi une gaîne d'huile, reliée à la conduite d'aspiration. La garniture intérieure est élastique, formée de rondelles métalliques, la garniture extérieure, par contre, se compose de tresses talquées, comprimées par la lunette au moyen d'une rondelle en caoutchouc. Comme la pression à l'aspiration est inférieure à la pression atmosphérique, dès que la température au réfrigérant tombe un peu bas, il n'est pas impossible que l'air pénètre par le presse-étoupe dans la machine et y cause des troubles sérieux. Pour obvier à cet inconvénient, on fait communiquer la gaîne d'huile avec la conduite de refoulement ou avec un récipient spécial, ainsi que Pictet l'a fait récemment pour les compresseurs de son laboratoire de Berlin (1). Comme la tension dans le condenseur ou dans ce réservoir spécial n'est jamais très considérable, il n'y a pas à redouter de fuites, si le presse-étoupe est soigneusement entretenu.

L'acide sulfureux agit comme lubréfiant, de sorte qu'on peut supprimer tous les appareils de graissage du piston et du presse-étoupe ; en cas d'échauffement momentané de ce dernier, les machinistes emploient, d'ordinaire, une graisse un peu moins consistante. Le séparateur d'huile est naturellement supprimé, ce qui simplifie un peu la construction du compresseur.

Les soupapes (quatre de chaque côté, en général) sont, dans les nouvelles machines, à peu près très identiques à celles des machines à ammoniaque et placées sur les fonds du cylindre. Les soupapes de machines plus anciennes sont, par contre, construites d'après le modèle

---

(1) Voir Dr M. Altschul « Mitteilungen aus dens Institute R. Pictet » dans *Zeitschr. für d. ges. Kälte ind.*, 1895, livr. XI et XII.

représenté à la figure 49; elles devaient, au dire de l'inventeur, R. Pictet, avoir une ouverture et une fermeture moins brusques que les autres, grâce à l'action

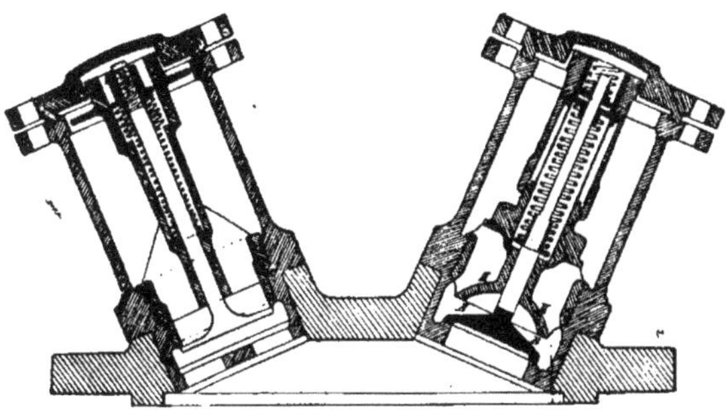

Fig. 49

combinée de deux ressorts. Cette prévision ne s'est absolument pas réalisée; ces soupapes ont, en outre, le défaut que le guide de la tige est vissé dans la boîte et beaucoup trop court en proportion de la longueur de la tige; toute la place est occupée par les ressorts. Pour empêcher qu'en cas de rupture de la tige, le plateau ne tombe dans l'intérieur du cylindre, on a placé immédiatement au-dessous des soupapes d'aspiration une traverse, qui sert en même temps de butée au plateau. Les sièges sont d'ordinaire plans, ou très légèrement inclinés. La construction de ces soupapes, dans son ensemble, augmente sensiblement l'espace nuisible, mais cela n'a pas grande importance, à cause du volume considérable du cylindre.

On donne au piston une vitesse pouvant atteindre 1,5 mètre à la seconde, à cause de la faible densité de l'acide sulfureux; en conséquence, on diminue le diamètre du cylindre jusqu'à 1/5 de la course. La section d'écoulement des soupapes varie de 1/10 à 1/15 de la surface du piston, ce qui élève la vitesse moyenne du fluide dans la conduite d'aspiration à 22 mètres et même davantage.

11. Essai des compresseurs. — Il est nécessaire, pour juger du fonctionnement des différentes parties du compresseur, de faire, comme pour les moteurs à vapeur, un essai avec l'indicateur. Cela devrait avoir lieu pour chaque machine peu après le montage, puis une fois au moins tous les deux ans, à la fin de la saison. La plupart des constructeurs adaptent au cylindre un support pour l'indicateur; il est percé sur toute sa longueur et établit ainsi la communication entre cet appareil et l'intérieur du cylindre. L'orifice en est d'ordinaire condamné par un écrou ou par une bride (*fig.* 50 et 51) et fileté ou pourvu d'une pièce spéciale pour permettre d'y adapter le robinet de l'indicateur. On n'a malheureusement pas encore adopté de norme générale pour ces pièces et ces pas de vis, de sorte qu'on est, presque avant chaque essai, obligé de se procurer des pièces intermédiaires. Une autre difficulté, dans les machines à acide carbonique, vient du fait qu'on bouche le canal d'arrivée à l'indicateur sur toute sa longueur (pour ne pas augmenter l'espace nuisible) au moyen d'une tige, qu'on a grand peine à retirer, parce qu'elle adhère aux parois par une surface considérable. Il serait préférable de pourvoir cet orifice, une fois pour toutes, d'une bride (*fig.* 51) portant, d'une part, un pas de vis auquel

Fig. 50

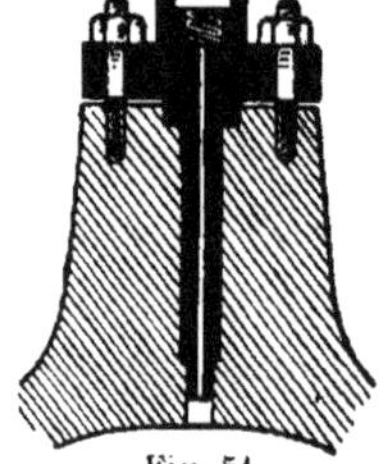

Fig. 51

s'adapterait le robinet de l'indicateur, d'autre part, une tige percée d'un canal très étroit et destiné à remplir le plus exactement possible l'espace nuisible.

Pour les machines à acide sulfureux, on peut employer les mêmes indicateurs (1) que pour les moteurs à vapeur; pour les compresseurs à ammoniaque il est nécessaire d'avoir des instruments tout en fer et en acier, d'ailleurs, identiques aux premiers dans leur construction. Les résultats fournis par les indicateurs à ressorts plats sont entachés d'erreur en raison de la flexion inégale de ces ressorts, et malgré leur mérite de ne laisser échapper aucune trace d'ammoniaque, on leur préfère les indicateurs à piston. La pression dans les compresseurs à acide carbonique est trop forte pour qu'on puisse utiliser les appareils ordinaires dont le piston a un diamètre de 20 millimètres; il faut employer des pistons plus petits, de 10 millimètres et même 6 millimètres, fonctionnant dans l'extrémité inférieure rétrécie de l'indicateur ou dans un tube spécial vissé au bas de ce dernier (piston de Riedler).

En raison de la tension considérable des vapeurs d'acide carbonique on ne peut guère employer les robinets d'indicateur ordinaires, et on les remplace par d'autres plus petits et munis d'un pas de vis (*fig.* 52 et 53) pour lesquels un diamètre intérieur de 4 millimètres suffit entièrement. La vis S permet de laisser échapper après l'essai les vapeurs d'acide carbonique, pour rétablir sous le piston de l'indicateur la pression atmosphérique.

Avant d'adapter le robinet de l'indicateur au com-

---

(1) Voir pour la construction des indicateurs et le mode d'emploi : P. A. Rosenkranz « Der Indikator und Seine Auvendung, 5e édit., Berlin, 1894.

presseur on fera bien, pour diminuer la pression à l'intérieur de ce dernier de faire faire un certain nombre

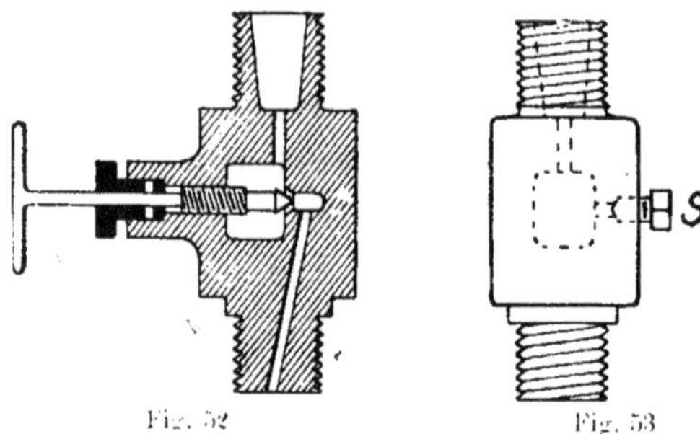

Fig. 52 Fig. 53

de tours à la machine après avoir condamné l'aspiration; on fait ainsi passer dans le condenseur la plus grande partie du fluide contenu dans le compresseur (1). On arrête ensuite la machine, on condamne également la conduite de refoulement et on adapte enfin les robinets. Pour chasser l'air qui a pénétré dans le compresseur pendant cette opération, on ouvre pendant un instant et d'une faible quantité la conduite d'aspiration, en ouvrant, naturellement, aussi les deux robinets mis en place, à l'avant et à l'arrière. Cela fait, on ouvre de nouveau la conduite de refoulement et on remet la machine en marche comme à l'ordinaire. On peut commencer l'essai dès que l'aspiration a été ouverte à son tour. Aussitôt que possible après l'essai, on marquera par deux droites sur les diagrammes obtenus les pressions indiquées par les manomètres du condenseur et du réfrigérant, non sans avoir comparé préalablement les indications que donnent les manomètres et celles de l'indicateur.

(1) Dans les machines à ammoniaque, ce fluide est dissous dans de l'eau, comme cela a été mentionné plus haut.

Si tous les organes de la machine fonctionnent normalement, on obtiendra des diagrammes analogues à celui représenté figure 54, dans lequel la ligne de l'aspiration *s* n'est que peu au-dessous de la ligne *vv* représentant la pression dans le réfrigérant et la ligne de compression *d*, peu au-dessus de la droite *kk* marquant la pression dans le condenseur. Le travail absorbé par l'ouverture des soupapes est représenté par deux faibles proéminences des lignes d'aspiration et de compression, la première dirigée vers le bas, la seconde vers le haut. Le tracé de la course de réexpansion *r* marque l'influence de l'espace nuisible : l'intersection de cette course avec la droite *vv* n'a lieu qu'après le changement de sens de la course ; on a ainsi positivement une diminution du volume de fluide aspiré, même si l'on ne tient pas compte que l'aspiration a lieu à une pression un peu inférieure à celle qui règne dans le réfrigérant. Ce dernier fait a pour conséquence que l'intersection de la courbe de compression *c* avec la ligne *vv*, n'aura lieu également qu'après le changement de course : au lieu d'aspirer hors du réfrigérant le volume théorique, représenté par la longueur *vv*, le cylindre n'absorbe à chaque coup de piston qu'un volume de fluide moindre.

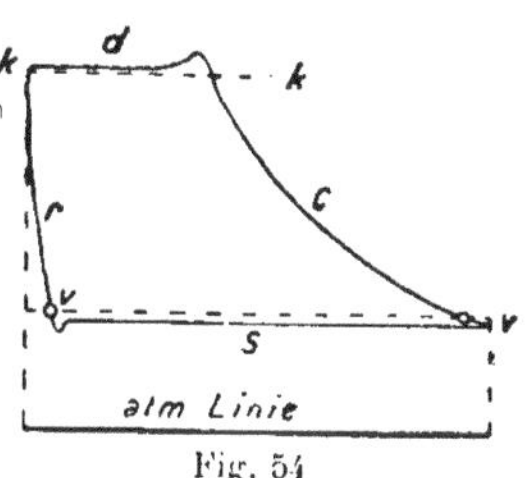

Fig. 54

Pour calculer le travail indiqué par un compresseur, on détermine la surface moyenne d'une série de diagrammes, pris à intervalles réguliers (toutes les 10 ou 30 minutes, par exemple). On peut se servir, dans ce but, du planimètre ou plus simplement décomposer la figure en dix bandes verticales, dont on détermine les moyennes hauteurs ; la somme de ces dix résultats divisée par dix donnera la hauteur moyenne du diagramme en millimètres. On connaît pour chaque ressort la longueur en millimètres correspondant dans le diagramme à une pression de 1 kilogramme par centimètre carré, de sorte que, connaissant la hauteur moyenne, on a immédiatement la pression moyenne indiquée ; en multipliant cette dernière par la surface du piston exprimée en centimètres cubes, on obtient la pression moyenne en kilogrammes, exercée par celui-ci. La surface du piston étant différente pour les deux faces, à cause de la présence de la tige à la partie antérieure, il est nécessaire d'effectuer le calcul séparément pour chacune des faces ; en multipliant enfin la moyenne des deux pressions ainsi obtenues par le chemin que le piston parcourt à la seconde (course multipliée par le nombre de tours à la seconde), on trouve le travail indiqué de la machine, en kilogrammètres, et, en divisant ce résultat par 75, en chevaux-vapeur.

Supposons, par exemple, un compresseur à ammoniaque de 25 centimètres de diamètre intérieur, le diamètre de la tige est de 5,5 centimètres, la course 0,4 mètre ; on aura pour la surface antérieure du piston 467,11 centimètres carrés et 490,87 centimètres carrés pour la face postérieure. Supposons, en outre, que les diagrammes donnent une pression de 1 363,96 kilogrammètres à l'avant, 1 477,52 kilogrammètres à l'arrière, donc, en moyenne, 1 420,74 kilogrammètres. Si le compresseur fait soixante tours à la minute, le chemin parcouru par le piston en une seconde sera égal à deux fois la course, ou 0,8 mètre ; le travail indiqué sera, dans ces conditions, de : $1\,420{,}74 \times 0{,}8 = 1\,136{,}79$ kilogrammètres ou de 15,155 chevaux.

Les diagrammes obtenus révèlent, cas échéant, les défauts inhérents à la machine. Un espace nuisible trop considérable sera caractérisé par une forte inclinaison de la courbe de réexpansion *r* (*fig.* 55); cela correspond à une diminution sensible du volume de fluide aspiré. La même diminution peut être causée par le refus de la soupape de refoulement à la fin de la levée, ce qui a lieu lorsque la tige de la soupape, prenant une position oblique, est forcée dans le guide ; ce cas est caractérisé par le diagramme de la figure 56. Ce défaut est fréquent

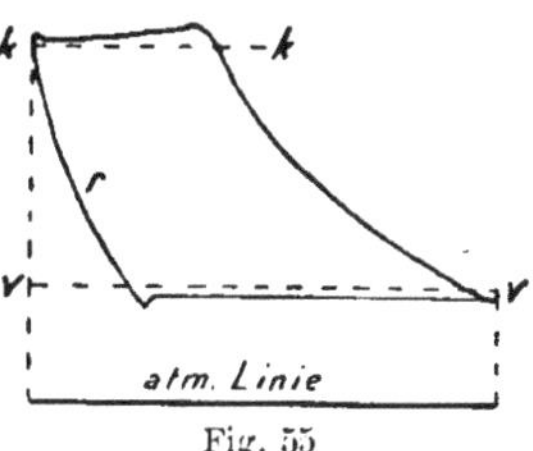

Fig. 55

après un fonctionnement prolongé de la machine et peut occasionner aussi un retard à l'ouverture de la soupape de refoulement, en augmentant, par cela même, le travail nécessaire pour soulever cette dernière (caractérisé par une proéminence plus prononcée de la ligne de compression). Si la tige joue plus ou moins à l'intérieur du guide, la soupape, une fois soulevée, atteindra immédiatement sa levée maximum, de sorte que le tracé du reste de la courbe est normal ; le défaut n'est de nouveau sensible qu'au changement de course, de la manière qu'on a décrite plus haut.

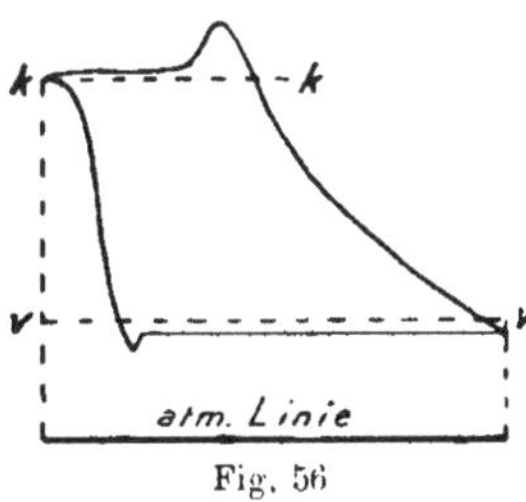

Fig. 56

Une charge trop forte des soupapes ou des résistances anormales dans les conduites d'aspiration ou de refoulement trouvent leur expression dans un diagramme (*fig.* 57), dans la distance, souvent considérable, entre les droites *kk* et *vv* et les lignes de compression ou d'aspiration. En pareil cas, on commencera par remplacer les ressorts par d'autres plus faibles, et ce n'est que si cette modification ne paraît pas efficace, qu'on recherchera s'il y a engorgement des conduites, engorgement à supprimer immédiatement. Bien entendu, les résistances constatées ne doivent pas provenir d'une ouverture insuffisante de l'un ou l'autre des robinets de commande.

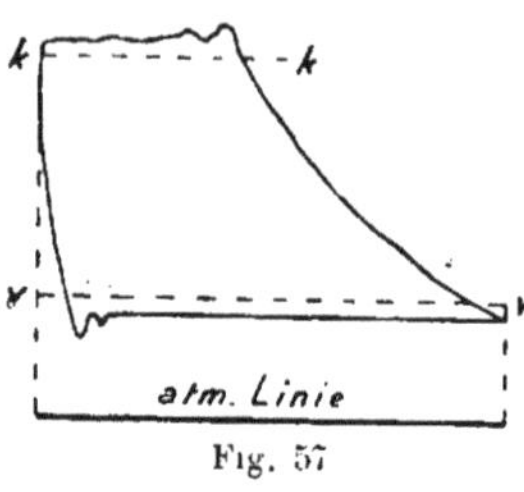

Fig. 57

Le refus d'une soupape d'aspiration fermée entraînant une forte dépression à l'intérieur du cylindre, sera caractérisé par une forte proéminence de la ligne d'aspiration (*fig.* 58), tandis que si le refus se produit à la fin de la levée on constatera un retard de la compression (*fig.* 58), c'est-à-dire la perte d'une partie de la course.

Des fuites importantes des soupapes se décèlent (*fig.* 59) par la disparition des proéminences, qui repré-

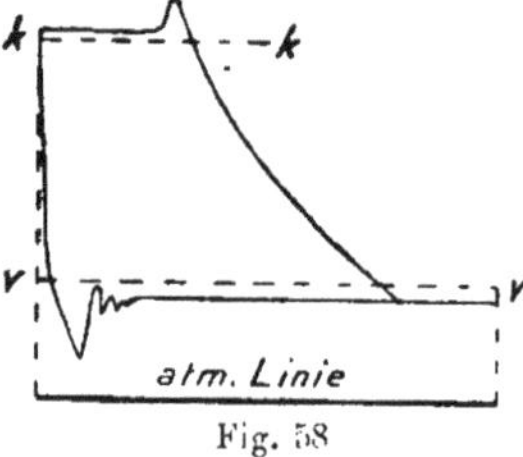

Fig. 58

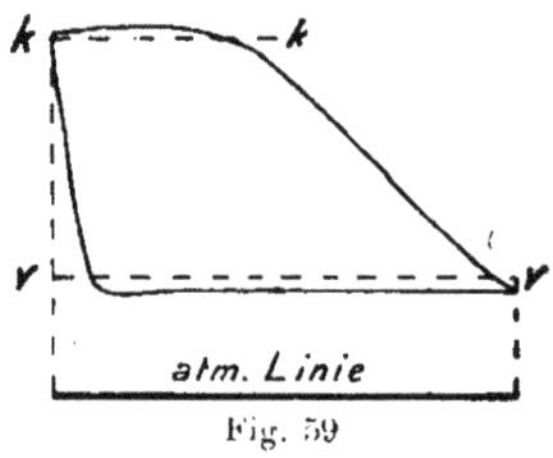

Fig. 59

sentent le travail des soupapes, et une transition progressive de la ligne de compression en courbe de réexpansion et de celle-ci en ligne d'aspiration. En outre, la courbe de compression est presque rectiligne, fortement inclinée lorsque les fuites se produisent principalement à la soupape de refoulement, faiblement inclinée, par contre, lorsque c'est la soupape d'aspiration qui n'est pas hermétique.

Lorsque les fuites du piston sont importantes et permettent à une partie du fluide de passer d'une partie du cylindre dans l'autre, la pression monte moins rapidement à la compression et la courbe correspondante est moins inclinée (*fig.* 60). En outre, la pression sera souvent, au moment du changement de course, supérieure à la pression dans le réfrigérant et empêchera l'ouverture de la soupape. Cela dure jusqu'au moment où la vitesse du piston est trop grande pour que les fuites puissent remplir le vide qui se produit derrière le piston ; il en résulte une dépression qui va croissant jusqu'à ce que la soupape finisse par jouer.

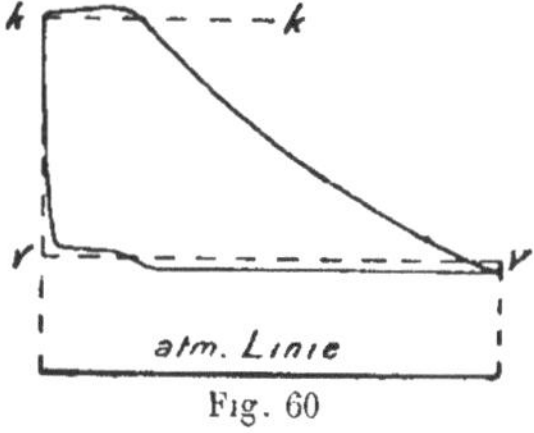

Fig. 60

Les diagrammes peuvent être fort compliqués lorsque plusieurs éléments de la machine fonctionnent mal' mais les indications ci-dessus permettent d'en faire l'analyse sans trop de difficulté.

CHAPITRE III

—

CONDENSEURS ET RÉFRIGÉRANTS

12. Les condenseurs. — Ils transmettent à l'eau de condensation la chaleur absorbée par le fluide dans le réfrigérant ainsi que la chaleur équivalente au travail mécanique du compresseur ; par suite de cette adduction de chaleur, l'eau s'échauffe ou s'évapore à une température constante. Il arrive fréquemment que ces deux cas sont réunis, soit qu'une partie seulement de l'eau de condensation s'échauffe, tandis que le reste s'évapore, soit que l'eau réchauffée soit ramenée ensuite à sa température initiale par une évaporation partielle. L'eau ne peut pas, en tout cas, entrer en contact immédiat avec le fluide à condenser, de sorte qu'il est impossible d'appliquer le système de condensation des machines à vapeur et que les condenseurs à surface sont seuls utilisables.

Le gaz pénètre surchauffé dans le condenseur ; il est tout d'abord refroidi à sa température de saturation, liquéfié à cette température puis, enfin, refroidi à une température aussi voisine que possible de la température initiale de l'eau de condensation. Il se produit donc, dans le condenseur, à une pression à peu près constante, trois échanges successifs de chaleur, dont le plus important est, en général, celui qui provoque la liquéfaction. Si nous ne considérons pour le moment que ce dernier, et si nous supposons que son seul effet est d'élever la température de l'eau de condensation, sans provoquer de volatilisation, il est évident que l'eau quittera le condenseur à une température au plus égale à la température de condensation du fluide; ce sera le cas, ou à peu près, pour toute installation rationnelle. Ces deux températures s'élèveront, du reste, simultanément à mesure que la température de l'eau à l'arrivée au condenseur sera elle-même plus élevée, ou qu'on diminuera la quantité d'eau de condensation, pour un même effet frigorifique.

Le tableau VI (1), déterminé pour une production de 100 000 frigories à l'heure et une température de — 10° au réfrigérant donne la température approximative de l'eau de condensation à l'écoulement, pour différentes quantités d'eau et différentes températures initiales.

Une élévation de température au condenseur produit, naturellement, une élévation de tension et, par conséquent, une augmentation de travail consommé.

On peut déterminer cette élévation de tension pour les différents corps intermédiaires à l'aide des tableaux généraux de tensions des vapeurs. Il ne faudrait pas vouloir faire ce calcul en retranchant simplement la chaleur absorbée au réfrigérant de celle absorbée au condenseur d'après les valeurs ci-dessous, car ces dernières ne sont qu'approximatives. Elles per-

---

(1) La manière de l'établir a été exposée dans *Zeitschrift fuer d. ges. Kälteind,* 1895, p. 166 et suiv. Les valeurs de ce tableau sont purement approximatives.

mettent, par contre, de juger à coup sûr de l'opportunité d'un refroidissement après condensation; ce dernier sera toujours avantageux, lorsque la différence des températures de l'eau de condensation à l'arrivée et à l'écoulement sera supérieure à 10° pour les machines à ammoniaque et à acide sulfureux et à 5° pour les machines à acide carbonique.

On peut, en outre, grâce à ce tableau, constater si l'absorption de chaleur au condenseur, par simple échauffement de l'eau, ne provoque pas une élévation trop considérable de la température de cette dernière; toutes les fois que c'est le cas, il est indispensable de recourir à une évaporation tout au moins partielle. Les valeurs imprimées en caractères gras sont les températures maxima qu'on puisse tolérer à l'écoulement, si l'on ne veut pas recourir à l'évaporation.

TABLEAU VI

Températures de l'eau à la sortie

Température initiale en centigrades	Mètres cubes d'eau à l'heure				
	5	10	15	20	25
5	28	**17**	**12,5**	**11**	**10**
10	34	**22**	**18**	**16**	**15**
15	39	26,5	**22**	**21**	**20,5**
20	44	32	28,5	**26**	**25**
25	50	38	24,5	33	31

Il est infiniment plus simple de savoir quelle est la quantité d'eau de condensation dont on a besoin lorsqu'on emploie uniquement l'évaporation de cette dernière pour produire la condensation du fluide ; on sait, en effet, qu'il faut 600 calories pour évaporer 1 kilogramme d'eau. La température de condensation du corps intermédiaire sera toujours de quelques degrés supérieure à la température de condensation de l'humidité atmosphérique, puisque l'eau de condensation doit s'échauffer jusqu'à cette température avant de s'évaporer; il peut se faire qu'elle arrive déjà au condenseur à une température supérieure.

L'évaporation ne peut, en outre, se produire que si l'air n'est pas déjà saturé d'humidité (1) et elle commence seulement lorsque la température de l'eau ruisselant sur les tuyaux du condenseur s'élève au-dessus de celle de l'air ambiant; on peut en tirer parti pour le refroidissement du fluide liquéfié, par l'évaporation d'eau de condensation froide. Il est certain que ce genre de condensation est excessivement dépendant de l'état de l'atmosphère, fonctionnant bien par un temps sec, mais très imparfaitement quand l'air est humide; toutefois, on réalise toujours une économie d'eau en employant ce système.

TABLEAU VII

Poids de vapeur d'eau par mètre cube d'air saturé

Température en centg.	Poids de vapeur par 1 m³ d'air saturé	Température en centg.	Poids de vapeur par 1 m³ d'air saturé
+ 10	9,36 gr.	+ 21	18.16 gr.
11	9,96	22	19,24
12	10,60	23	20.38
13	11,56	24	21.57
14	11.98	25	22.82
15	12,74	26	24,13
16	13.53	27	25,50
17	14,36	28	26,95
18	15,24	29	28,47
19	16,15	30	29,90
20	17,34	35	39,51

(1) L'intensité de l'évaporation dépend directement de la différence qui existe entre les tensions de la vapeur d'eau à la surface du liquide et dans l'air ambiant. Lorsque cette différence est négative, au lieu d'une évaporation, il se produit une condensation de l'humidité de l'air et, par conséquent, un échauffement à la surface du liquide.

Le tableau ci-dessus indique pour différentes températures le poids de vapeur d'eau, en grammes, que contient 1 mètre cube d'air entièrement saturé.

La capacité de l'air d'absorber plus ou moins d'humidité, joue ici un grand rôle, puisque de là dépend le volume d'air nécessaire à un fonctionnement normal du condenseur.

L'air contient en vapeur d'eau 60 à 95 % de ces valeurs, de sorte qu'il peut encore provoquer une certaine évaporation. Le tableau précédent permet de calculer cette capacité pour différentes températures et degrés de saturation; on obtient les valeurs ci-dessous :

TABLEAU VIII

(Évaporation produite par 1 m³ d'air non saturé)

Température de l'air en centg.	Degré de saturation			
	60 %	70 %	80 %	90 %
10	3,74 gr.	2,81 gr.	1,87 gr.	0,94 gr.
15	5,10	3,82	2,55	1,27
20	6,94	5,20	3,47	1,73
21	9,13	6,85	4,56	2,28
30	11,96	8,97	5,98	2,99
35	15,80	11,85	7,90	3,91

Ainsi, par exemple, 1 mètre cube d'air à un degré hygrométrique de 70, fera évaporer, à + 20°C., 5,2 grammes d'eau, absorbant ainsi 31,6 calories. Pour une installation frigorifique produisant 100 000 frigories à l'heure, on devra absorber environ 26 000 calories au condenseur; il faudra évaporer pour cela 210 kilogrammes d'eau, ce qui exige, dans les conditions supposées, un volume minimum de 4 000 mètres cubes d'air à l'heure. On ne peut, toutefois, pas admettre que l'air se sature complètement, aussi, faut-il compter un volume d'air une fois et demie plus considérable.

Il en est exactement de même pour le refroidissement, par évaporation partielle, de l'eau de condensation réchauffée. On atténue jusqu'à un certain point l'influence d'un air chaud et humide sur ces condenseurs à ruissellement en combinant très simplement l'évaporation de l'eau avec un refroidissement direct : au lieu de ne laisser ruisseler que 200 à 250 kilogrammes d'eau dans l'exemple considéré, on emploiera, si possible, une quantité d'eau quatre ou six fois plus grande.

13. Condenseurs à immersion et refroidisseurs. — Les condenseurs sont, en général, formés d'un faisceau de tuyaux en fer forgé d'un diamètre intérieur de 20 à 36 millimètres et dont les parois ont 3 à 6 millimètres d'épaisseur, suivant les pressions qu'elles doivent supporter. Les tuyaux des condenseurs à acide sulfureux sont parfois en cuivre; on a également construit, dernièrement, des récipients en fer forgé, en forme de bouteilles d'où l'acide sulfureux liquéfié s'écoule par un siphon. Lorsque la condensation a lieu sans évaporation, uniquement par échauffement de l'eau, il n'y a aucune raison d'étaler cette dernière en grande surface. Dans ce cas, l'eau circule dans un récipient plus ou moins cylindrique, ouvert à sa partie supérieure et dans lequel les spirales du condenseur sont immergées. Le fluide circule dans les spirales de haut en bas, l'eau circule en sens contraire et s'échauffe à mesure qu'elle monte dans le récipient. Pour empêcher que la circulation d'eau n'ait lieu que dans l'espace à l'intérieur des spirales, sans absorber de chaleur, et pour avoir en chaque point du bain une température constante, comme l'exige le principe du contre-courant, on place dans chaque condenseur un agitateur, qui chasse l'eau du centre vers les parois. La figure 61 représente un condenseur de ce genre, avec cinq tubes enroulés en spirale (1); l'arrivée et l'écoulement de l'eau ne sont pas visibles. Elle entre par un tuyau ordinaire avec robinet de commande; elle s'écoule par un déversoir pourvu, comme l'indique la figure 62, d'un robinet jaugé A, indiquant pour une co-

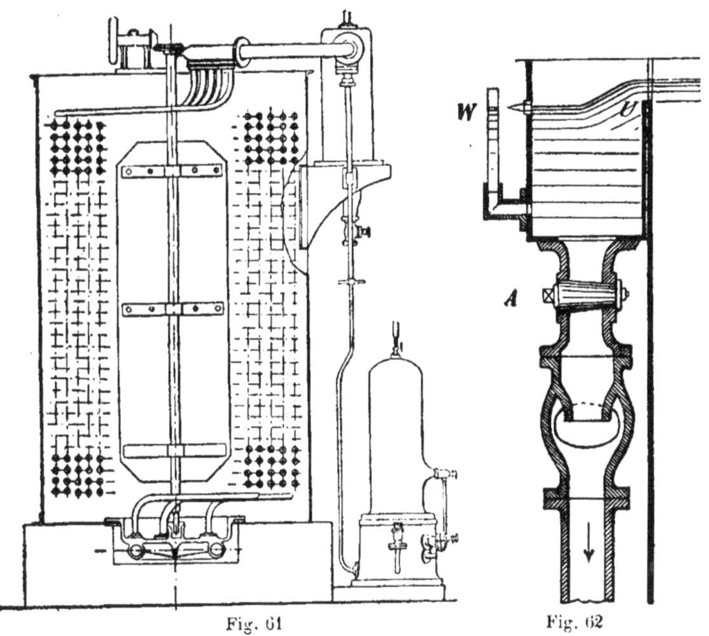

Fig. 61 Fig. 62

lonne d'eau déterminée, la quantité d'eau qui passe à la minute. On repère la hauteur de la colonne au moyen

(1) On voit également dans cette figure le séparateur Fixary, fixé au condenseur; à côté de ce dernier se trouve le collecteur d'huile.

du tube en verre W et de la marque placée vis-à-vis ; le déversoir communique avec la conduite d'écoulement par un entonnoir pourvu d'une ouverture latérale, pour maintenir au-dessous du robinet la pression atmosphérique.

Les tuyaux du condenseur, représentés figure 61, ont tous le même nombre de spires et comme le diamètre de ces dernières augmente du centre vers la périphérie du récipient, les tuyaux ont tous une longueur et une surface d'échange différentes. Comme la résistance à l'écoulement du fluide augmente avec la longueur des tuyaux, les spirales extérieures, qui possèdent la plus grande surface d'échange, sont précisément traversées par une quantité de fluide moindre que les spirales intérieures. En outre, l'eau qui circule autour des spirales extérieures est beaucoup moins soumise à l'action de l'agitateur; il en résulte que les tubes intérieurs sont proportionnellement beaucoup mieux utilisés. Cela a pour conséquence une répartition irrégulière de température à un même niveau à l'intérieur du liquide, c'est-à-dire une transmission inégale de chaleur, dans l'unité de temps, par mètre carré de surface d'échange.

La société pour l'exploitation du brevet Linde, corrigea en grande partie ce défaut en donnant à tous les tuyaux la même longueur ; les spirales internes ont un beaucoup plus grand nombre de spires que les spirales externes, tout en ayant la même hauteur (*fig.* 63). Les spires des tuyaux intérieurs sont, toutefois, si serrées, à cause de leur nombre, qu'elles contrarient fortement la circulation de l'eau, de sorte que l'agitateur perd beaucoup de son effet, tout en absorbant plus de travail. On peut éliminer cet inconvénient en supprimant complètement l'agitateur et l'espace à l'intérieur des spirales ; on remplit ce dernier par un cylindre en tôle et on fait pénétrer l'eau latéralement, dans une direction tangentielle, autant que possible, de manière à ce qu'elle monte dans le récipient en suivant la forme des spirales ; on réalise ainsi assez parfaitement le principe du contre-courant. Cette disposition a également donné d'excellents résultats pour les *refroidisseurs* (1) du fluide liquéfié, et bien qu'ils ne consistent souvent qu'en une seule spirale (*fig.* 64), ils permettent une application presque parfaite du contre-courant. Leur but est d'amener le liquide liquéfié qui s'écoule vers le détendeur à une tem-

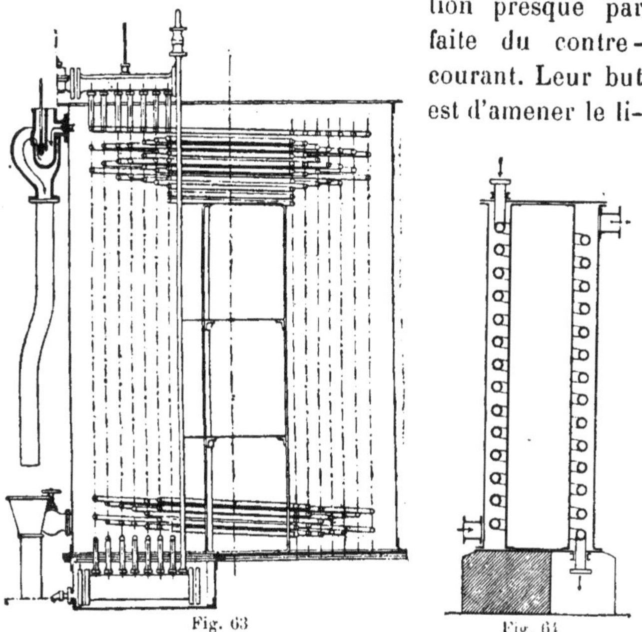

Fig. 63

Fig. 64

(1) On distingue parfois ces appareils comme premier ou deuxième condenseur, selon que l'on a en vue le fluide ou l'eau de condensation ; le terme de refroidisseur écarte toute confusion (Trad.).

pérature aussi voisine que possible de celle de l'eau qu'on emploie pour le refroidissement. On place, en général, le refroidisseur au-dessous du condenseur, pour permettre un écoulement naturel du fluide de l'un dans l'autre. Cela implique la nécessité de faire passer l'eau sous pression dans le refroidisseur, qui devra donc être hermétiquement fermé.

On n'a employé que rarement, et en Amérique, pour des machines à ammoniaque, un appareil du même genre, servant à refroidir jusqu'à leur température de condensation les vapeurs qui sortent des compresseurs : la chaleur de surchauffe serait absorbée par l'eau qui s'écoule du condenseur. Cette disposition permettrait, précisément dans les machines à acide carbonique, de réaliser une économie d'eau importante, puisque dans ces conditions l'eau pourrait, sans influencer défavorablement la condensation, quitter ce nouvel appareil à une température bien supérieure à la température actuelle à l'écoulement (1).

(1) Il est indispensable, pour se faire une idée de la question, de connaître, pour chaque corps intermédiaire, la manière dont la chaleur totale, absorbée au condenseur, se répartit entre la surchauffe des vapeurs, leur condensation et le refroidissement du liquide condensé ; c'est ce qu'enseigne le tableau ci-dessous. Ces trois composantes de la chaleur absorbée y sont ex-

TABLEAU IX

Température de condensation	+ 20°			+ 32° (+ 31,35 pour CO^2)		
Corps intermédiaire	NH^3	CO^2	SO^2	NH^3	CO^2	SO^2
Température avant le détendeur	+ 10	+ 11,5	+ 10	+ 10	+ 13,1	+ 10
Chaleur absorbée par le refroidissement du fluide liquéfié	0,028	0,135	0,049	0,055	0,493	0.101
Chaleur de liquéfaction	0,871	0,636	0,876	0,817	0	0,805
Chaleur correspondant à la surchauffe	0.101	0.229	0,075	0,128	0,507	0,094

On peut, pour les condenseurs à acide sulfureux, réaliser un contre-courant très parfait, grâce à la faible tension du fluide qui permet de le condenser dans un récipient de grandes dimensions; ce dernier est traversé de tubes étroits à parois très minces, dans lesquels circule l'eau de condensation qui baigne, en outre,

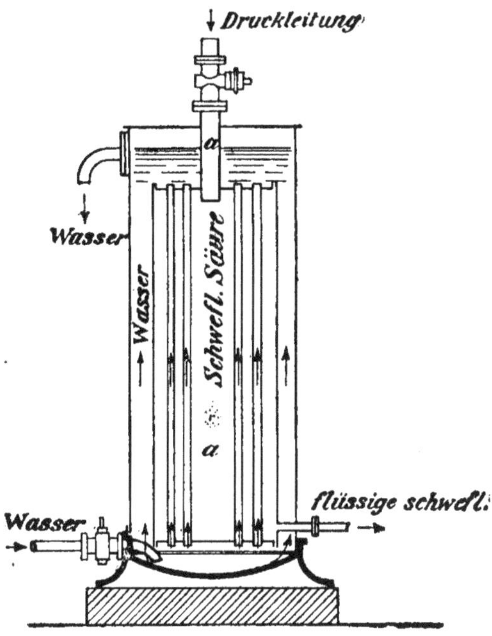

Fig. 65. — Druckleitung; *conduite de refoulement.* — Wasser; *eau.* — Schwefl. Saüre; *acide sulfureux.* — Flussige Schwefl. Saüre; *acide sulfureux liquide.*

tout le condenseur (*fig.* 65) Les nombreux joints sous

---

primées en fraction de l'effet total du condenseur, pour des températures de condensation de + 20° et + 30° C. (+ 31,35° pour CO^2, afin de montrer le passage par la température critique), et en supposant une température de — 10° au réfrigérant.

Ces chiffres montrent la part importante qui revient, surtout dans les machines à CO^2, à la surchauffe et au refroidissement, tandis que la quantité de l'eau que possède cet appareil ne sont pas sans présenter un certain danger ; ils doivent, en tout cas, être exécutés avec un soin tout particulier et surveillés de près.

En ce qui concerne les dimensions des condenseurs à immersion, l'expérience prouve qu'on peut compter sur une transmission de 800 à 1 200 calories à l'heure par mètre carré de surface moyenne d'échange (moyenne de la surface intérieure et de la surface extérieure des tubes). L'épaisseur des tuyaux a peu d'importance ; il est, par contre, indispensable de répartir exactement la surface d'échange entre le condenseur proprement dit et le refroidisseur, selon la quantité de chaleur que chacun d'eux doit absorber (1).

14. Condenseurs et refroidisseurs à ruissellement. — Ils doivent, pour favoriser l'évaporation de l'eau, présenter une très grande surface de contact avec l'air atmosphérique ; il importe, en outre, de les placer dans un fort courant d'air qui remplace rapidement l'air saturé d'humidité par de l'air sec. On tient compte de la première de ces conditions, en faisant ruisseler l'eau de condensation en une nappe mince, mais continue, à la surface des tubes du condenseur ; pour satisfaire à la seconde condition, on place ce dernier dans un endroit exposé, sur un toit ou un échafaudage (à peu de distance de la salle des machines), en orientant les ser-

---

chaleur qu'il faut absorber pour provoquer la liquéfaction est faible ou même nulle au-dessus du point critique. C'est un argument sérieux en faveur de l'absorption de la chaleur de surchauffe dans un appareil spécial à contre-courant. En Amérique, on place cet appareil au-dessus du condenseur. Voyez : GUTERMUTH « Amerikanische Ammoniak-Kompressions kältemaschinen » *Zeitschr. d. Vereins d. Ing.*, 1894.

(1) Il serait prématuré, en raison de notre connaissance incomplète des lois de transmission de la chaleur, de vouloir rechercher en détail les différentes phases de la condensation à l'intérieur des spirales.

pentins dans la direction du vent dominant. Lorsque les conditions locales ne permettent pas d'établir un courant d'air naturel suffisant, on installe le condenseur dans un local fermé à l'intérieur duquel on provoque, au moyen de ventilateurs, le courant d'air indispensable. En raison des quantités considérables d'air nécessaires (voir l'exemple à la fin du § 12), le travail consommé par ces ventilateurs entre sérieusement en ligne de compte ; on n'aura recours à cette solution qu'en dernier ressort, et il faudra, en tout cas, disposer verticalement le tuyau d'échappement de l'air humide et chaud, pour tirer parti de la faible densité de ce dernier.

Les tubes du condenseur sont horizontaux et on a coutume, en Amérique, de les réunir les uns aux autres par des joints au plomb, munis de brides, tandis que chez nous ces tubes coudés à leurs extrémités sont soudés les uns aux autres, et groupés ainsi que l'indi-

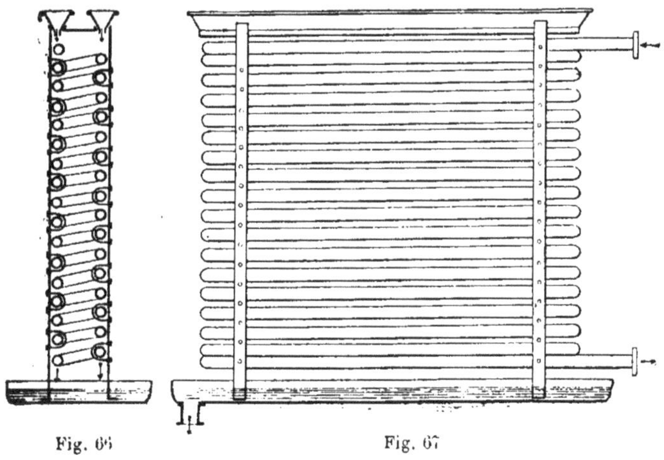

Fig. 66 Fig. 67

quent les figures 66 à 68 ; l'espace libre à l'intérieur de

ces serpentins n'est que difficilement accessible à l'air, de sorte que l'on n'utilise que partiellement la surface des tuyaux qui limitent cet espace, quelque parfait qu'y soit le ruissellement d'eau. L'espace entre les tuyaux

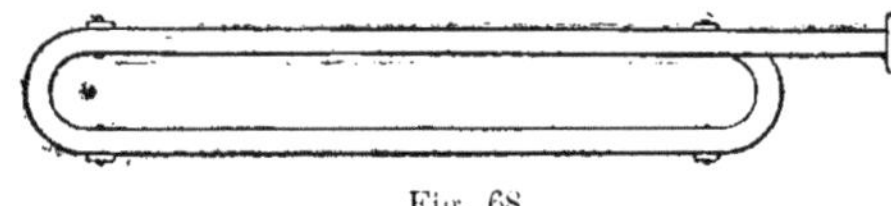

Fig. 68

superposés est très restreint et permet uniquement d'adapter les supports qui fixent les serpentins au bâti (formé de fers plats, de cornières ou de fers en U). La distribution de l'eau se fait au moyen de deux gouttières à fond perforé, placées au-dessus des serpentins ; le condenseur s'élève au centre d'un bac où l'on recueille l'eau qui ne s'est pas évaporée, et qui, n'étant que peu ou pas réchauffée, peut être utilisée à nouveau.

Le défaut principal de cette disposition, l'utilisation incomplète de la surface d'échange, peut être corrigé en construisant le condenseur comme l'indique la figure 69. On assemble trois serpentins, de manière que les tubes horizontaux soient fixés au bâti dans un même plan vertical ; il est nécessaire, pour la mise en place, de courber tous les coudes de l'un des serpentins à droite, ceux du troisième à gauche, tandis qu'on laisse dans le plan vertical ceux du serpentin du milieu. On forme ainsi un condenseur tel qu'il est reproduit dans les figures 70 et 71, possédant trois orifices d'arrivée et d'écoulement du fluide, orifices qu'on réunit soit entre eux, soit à des collecteurs. Un avantage de cette disposition est de permettre un nettoyage facile, même

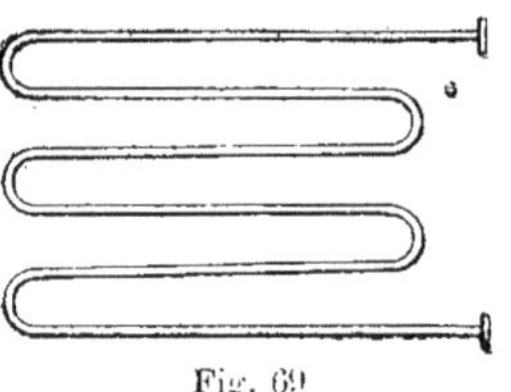

Fig. 69

pendant le fonctionnement. L'eau de condensation est distribuée, comme il a été dit plus haut, par une gout-

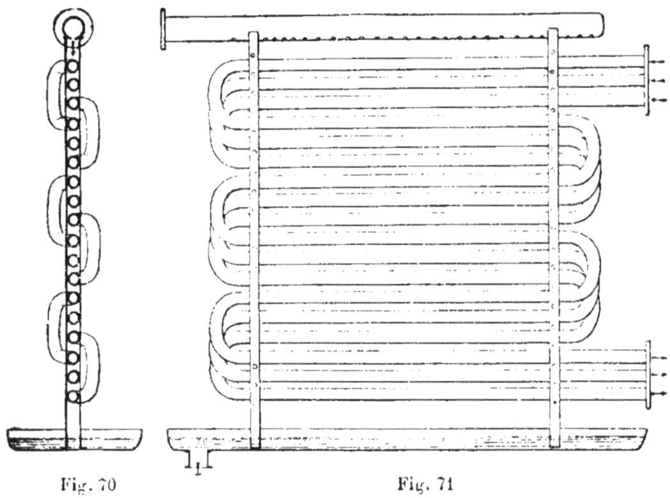

Fig. 70 Fig. 71

tière ou par un tuyau percé à sa partie inférieure d'un grand nombre de trous.

Les figures 72 et 73 indiquent la manière dont on installe les condenseurs à ruissellement : deux appareils E, E, formés d'un grand nombre de serpentins superposés (*fig.* 66 à 68), reliés par des collecteurs verticaux sont placés au centre du bac pour l'eau de condensation, sur le toit même de la salle des machines. La pompe AB élève aux gouttières l'eau du réservoir H, au moyen de la conduite CC. On dispose de distance en distance sur les côtés du condenseur des lames en tôle, qui retiennent les gouttelettes d'eau rejaillissant parfois à la surface des serpentins, et les renvoient sur ces derniers ; l'excédent d'eau retourne par le tuyau GG au réservoir H.

Les toitures dont on couvre parfois les condenseurs

sont toujours nuisibles, elles sont un obstacle au courant d'air ainsi qu'à l'évacuation de l'air humide. Il ne faut, du reste, jamais protéger le condenseur contre la pluie ou la neige, qui ne peuvent qu'agir favorablement sur le fonctionnement de ce dernier.

Il s'agit, avec les *refroidisseurs d'eau de condensation*, de ramener, par une évaporation partielle, l'eau

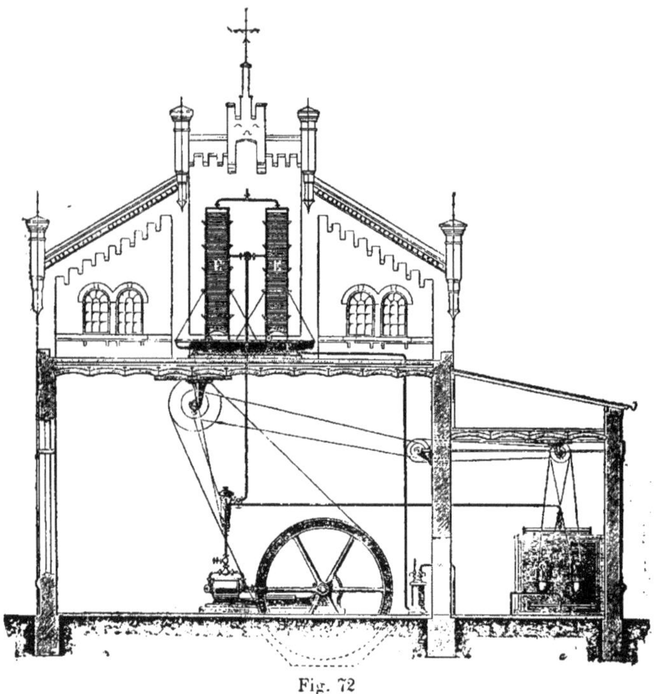

Fig. 72

des condenseurs à immersion à sa température initiale ; on la laisse, dans ce but, tomber en pluie fine, sur une surface aussi grande que possible, à travers un courant d'air naturel ou artificiel. On réalise ainsi le maximum d'évaporation possible, ainsi qu'une répartition rapide et égale du refroidissement dans toute la masse d'eau. On remplace par de l'eau froide la quantité qui s'est évaporée, puis le tout revient au condenseur. On obtient aisément une surface d'évaporation convenable

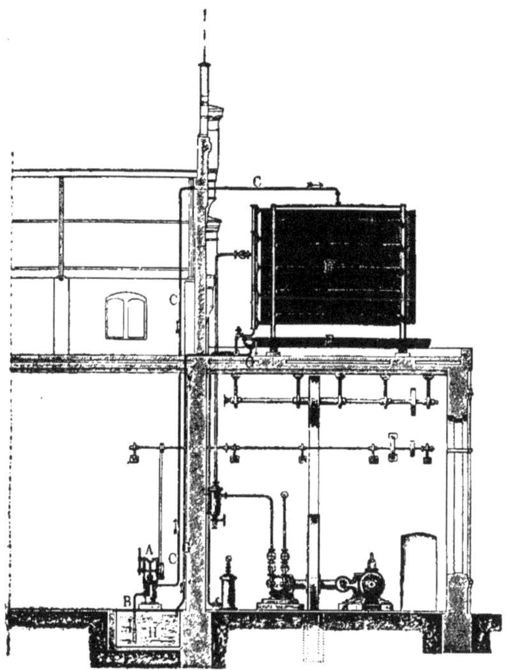

Fig. 73

en employant les appareils de graduation utilisés dans les salines, pour concentrer la saumure et formés simplement de fascines entassées sur un échafaudage. L'eau réchauffée est pompée dans une rigole ouverte, à la partie supérieure de l'appareil d'où elle tombe en pluie à travers les brindilles des fascines et subit une évaporation partielle.

La fabrique de bois découpé à « Kaiserslautern », remplace cette disposition économique mais peu agréa-

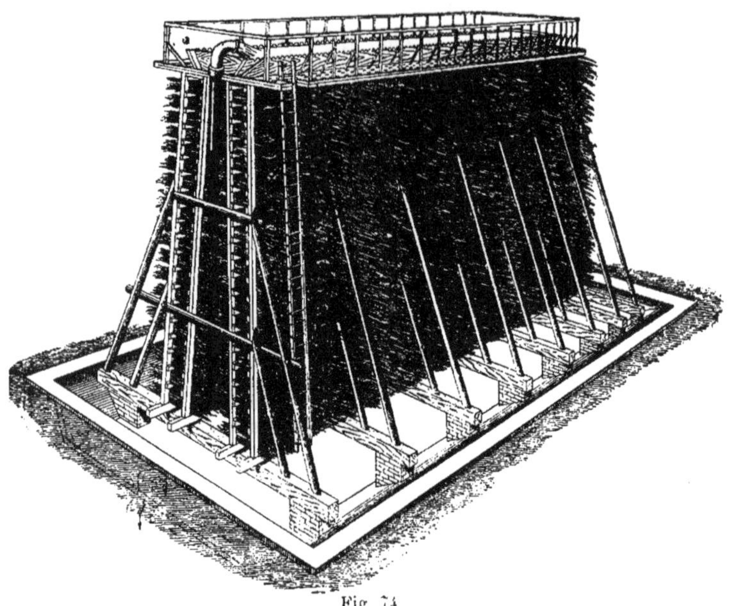

Fig. 74

ble à l'œil par un appareil composé de planches horizontales découpées (*fig.* 75), tandis que la fabrique de Frankenthal (anciennement Klein Schanzlin et Becker), suspend de minces planchettes en plusieurs rangées superposées, dont chacune est disposée perpendiculairement à la rangée qui précède et à celle qui suit ; cette disposition a pour but de réaliser un contact aussi grand que possible entre l'air qui traverse l'appareil et l'eau qui ruisselle sur les planchettes, mais elle a l'inconvénient de n'offrir qu'un faible accès au courant d'air et d'exiger toujours l'installation de ventilateurs.

Il faut mentionner encore l'appareil imaginé par

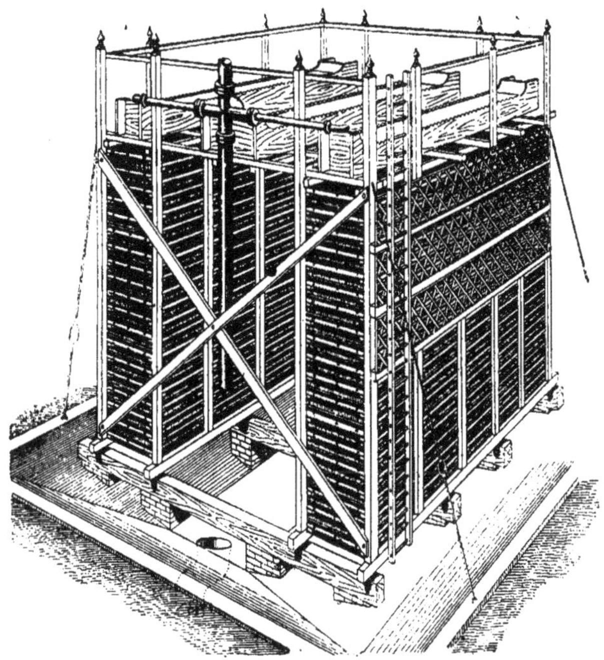

Fig. 75

Körting : au moyen d'une lance spéciale il étale le jet d'eau chaude en une nappe très finement divisée, et présentant une large surface d'évaporation. On peut augmenter encore cette dernière en recueillant le jet sur les parois en bois ou en métal, de l'appareil représenté figure 76, où une partie de l'eau s'évapore.

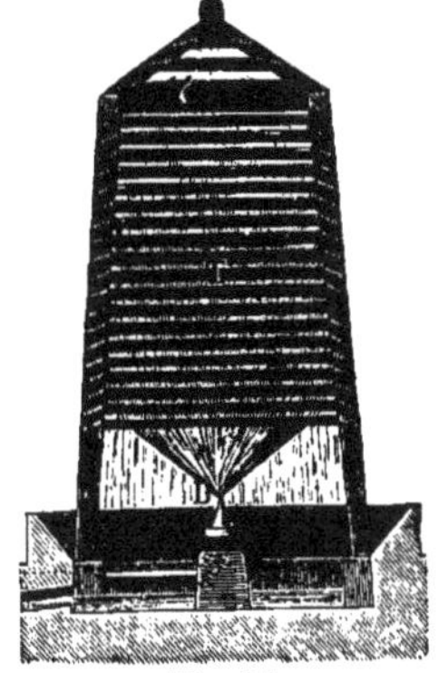

Fig. 76

Il nous reste à parler de l'appareil à disques de Linde (*fig.* 77), qui réunit le condenseur (à immersion) au refroidisseur de l'eau de condensation, mais ne fonctionne qu'avec courant d'air artificiel. Les serpentins du condenseur sont immergés dans un récipient parallélipipédique contenant l'eau de condensation, maintenue constamment en circulation par un agitateur. Au-dessus des serpentins, et plongeant de un tiers de leur diamètre dans le

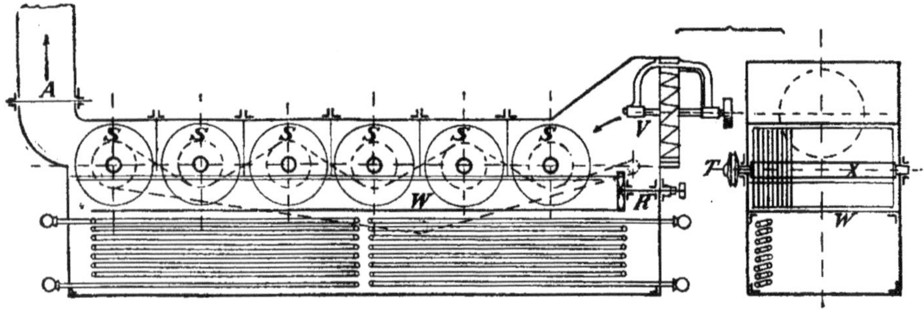

Fig. 77

bain, se trouvent un grand nombre de disques en tôle, S, fixés sur des arbres X, animés d'un mouvement de rotation ininterrompu. La mince couche d'eau qui s'attache à ces disques s'évapore grâce au courant d'air violent, chassé contre ceux-ci par le ventilateur V. On peut évaporer à l'heure, 0,5 à 1,0 kilogramme d'eau par 1 mètre carré de surface humectée, et absorber ainsi 300 à 600 calories, car ces appareils étant identiques en principe aux condenseurs à ruissellement, les chiffres que nous avons donnés pour les uns sont valables pour les autres.

En comparant les valeurs indiquées au commencement de ce chapitre pour les condenseurs à ruissellement avec les résultats d'essais faits sur des condenseurs à immersion, on constate que ces derniers exigent, pour le même effet, une surface d'échange, en général deux fois plus grande que celle des premiers.

15. Les réfrigérants. — C'est dans ces appareils qu'a lieu l'échange de chaleur entre le corps à refroidir et le fluide intermédiaire. Toutefois, cet échange se fait indirectement dans la plupart des cas (en brasserie, d'une manière générale), par l'intermédiaire d'une solution glacée circulant entre le réfrigérant et les corps ou les locaux à refroidir. Cette solution ne doit, aux températures auxquelles elle est soumise, ni se congeler, ni former de dépôts qui empêcheraient la circulation. On emploie des solutions de sels aussi bon marché que possible : sel de cuisine (NaCl), chlorures de calcium ($CaCl^2$) et de magnésium ($MgCl^2$), enfin l'eau ordinaire, pour les températures supérieures à 0°.

Pour éviter la formation des dépôts, on donnera à ces solutions une concentration telle qu'à aucune des températures auxquelles elle peut être soumise, la saumure ne soit saturée, puisqu'il suffirait d'un abaissement supplémentaire de température très faible, pour provoquer la formation de cristaux. Le tableau ci-dessous indique les quantités de sel sec, avec lesquelles on sature, à différentes températures, 1 litre (= 1 kilogramme) d'eau.

TABLEAU X

Température	NaCl	$CaCl^2$	$MgCl^2$
+ 20°	0,360	0,74	0,570
+ 10°	0,357	0,60	0,565
0°	0,355	0,50	0,560
— 5°	0,345	0,45	0,550
— 10°	0,335	0,42	0,540
— 15°	0,327	0,38	0,535
— 20°	0,318	0,36	0,530

L'examen de ce tableau montre que la solution de

chacun de ces sels, à une température donnée, est très différente, et qu'elle varie aussi très différemment pour chacun d'eux avec la température. On voit, en outre, qu'il faut se garder de saturer les solutions à une température normale (+ 10° à + 20° C.), puisqu'un refroidissement provoquerait infailliblement une cristallisation. Si on admet — 10° comme la température la plus basse que puisse atteindre la solution, la teneur en sel d'un litre de cette dernière ne pourra jamais être supérieure à 0,335 kilogramme pour NaCl, 0,42 pour $CaCl^2$ et 0,54 pour $MgCl^2$, même à une température normale. En un mot, on ne peut employer que des solutions diluées ; d'autre part, il ne faut pas pousser la dilution trop loin, sans cela on risque que la solution se congèle. Le tableau suivant (1) donne les points de congélation de solutions plus ou moins concentrées des deux sels les plus employés, le sel de cuisine et le chlorure de calcium :

TABLEAU XI

Concentration en kilog. par litre	Point de congélation	
	Na Cl	Ca Cl^2
0,05	— 3,8°	— 2,5°
0,10	— 7,4	— 5,6
0,12	— 8,9	— 7,0
0,15	— 11,0	— 9,6
0,20	— 14,4	— 14,8
0,25	— 17,7	— 22,1
0,30	— 20,4	—

Ce tableau nous indique qu'une solution refroidie à

(1) Etabli d'après les observations de Karsten, Gerlach et Kohlrausch.

— 10° ne doit pas contenir moins de 0,14 kilogramme de sel de cuisine ou 0,16 kilogramme de chlorure de calcium secs, par litre. On emploie, en général, des solutions de 0,2 kilogramme par litre, qui se congèlent à **14,4** et **14,8°**.

Toutes ces solutions ont le grand inconvénient d'attaquer les parois du réfrigérant et la tuyauterie en fer, que les meilleurs vernis sont impuissants à protéger longtemps. Des expériences récentes (1), ont prouvé que le seul remède consiste dans la neutralisation de la solution ; dans ce but, on ajoute tout simplement 1 à 2 kilogrammes de cristaux de soude (Na^2CO^3), par hectolitre de la solution. Ce procédé n'est toutefois applicable qu'avec le sel de cuisine, le carbonate de soude précipitant dans les solutions de chlorure de magnésium et de calcium des carbonates à peu près insolubles.

La construction des réfrigérants à eau douce et à eau salée est identique à celle des condenseurs (*fig.* 78 et 79) ; ils sont également pourvus d'un agitateur. Par contre, la circulation de l'eau et du fluide détendu se fait en sens exactement contraire ; le fluide liquéfié, mélangé d'un peu de vapeur, qui arrive du détendeur, pénètre à la partie inférieure des spirales et est aspiré à la partie supérieure, tandis que l'eau, en raison de sa densité croissante avec le refroidissement, circule en sens inverse comme l'indiquent les flèches dans la figure. Il est également avantageux de donner à toutes les spirales du réfrigérant la même longueur, comme on

---

(1) Dr J. Brand. — « Ueber Eisen nicht angreifende Lösungen für Eismaschinenanlagen », dans *Zeitsch. f. d. gesammite Brauwesen*, 1896. L'auteur démontre qu'il est inutile d'ajouter jusqu'à 5 % de soude, comme on le faisait au début.

l'a fait pour les condenseurs ; on utilise ainsi plus complètement la surface d'échange.

Il arrive, dans le cas d'une production de froid très considérable, ou encore lorsque le réfrigérant d'eau douce fait en même temps fonction de réservoir, et a, par conséquent, de grandes dimensions, que le nombre des spirales, ainsi que le diamètre des spires extérieures augmentent, au point de rendre à peine sensible vers la périphérie l'action de l'agitateur. On divise, dans ce cas, le réfrigérant en plusieurs groupes de spirales S (*fig.* 80 et 81), placés à l'intérieur d'un réservoir unique, parfaitement isolé (1). Chaque groupe a un agitateur spécial, et plusieurs de ces agitateurs sont actionnés par un arbre commun R, dont les paliers sont fixés au support T. En général, les collecteurs E, du fluide détendu, ne sont pas réunis, mais communiquent séparément avec un compresseur, car dans les installations de cette

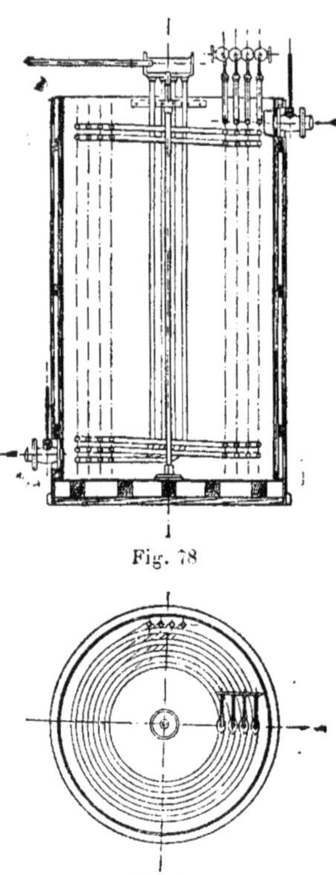
Fig. 78

Fig. 79

(1) On isole le réfrigérant en l'entourant d'une enveloppe en planches, laissant un espace intermédiaire de 6 à 12 centimètres, que l'on remplit de déchets de liège, de charbon de bois, de débris de tourbe, etc.

importance, un seul compresseur ne suffirait pas à aspirer les vapeurs produites.

On emploie presque toujours, pour la circulation de

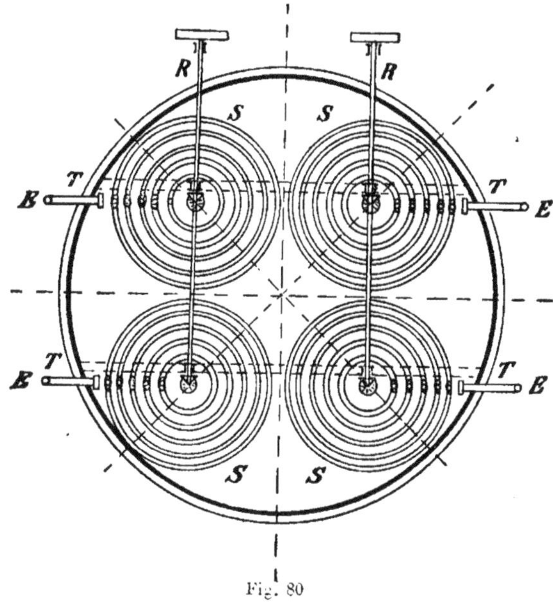

Fig. 80

l'eau salée, des pompes rotatives, dont les différents

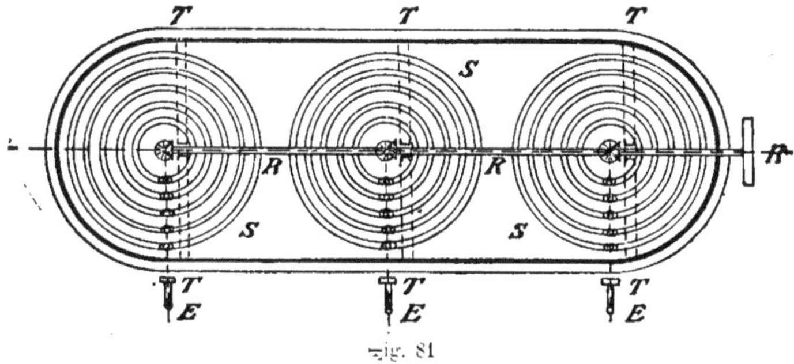

Fig. 81

organes sont en bronze ; il est rare qu'on se serve de

pompes à piston dont toutes les parties doivent, dans ce cas, être aussi en bronze. La vitesse du liquide dans les conduites ne doit jamais dépasser 1 mètre à la seconde; une vitesse plus grande augmente considérablement les résistances dans la tuyauterie et le travail des pompes, tout en nuisant à l'effet frigorifique. On peut disposer les pompes de telle manière qu'elles refoulent dans la tuyauterie l'eau salée qui leur arrive du réfrigérant par un écoulement naturel, ou bien les placer au point le plus bas de la tuyauterie, d'où elles refoulent le liquide vers le réfrigérant. La première de ces dispositions présente l'avantage d'une surveillance facile des pompes, qui sont placées à proximité de la machine, mais on risque qu'une pression momentanément trop forte, dans les tuyaux, ne provoque la rupture d'un joint.

La dimension des réfrigérants et la longueur totale des tuyaux à l'intérieur de ceux-ci dépend absolument de la quantité de frigories à produire ; on peut compter sur une transmission de 800 à 1 000 calories à l'heure par 1 mètre carré de surface d'échange moyenne. On ne peut augmenter la production frigorifique qu'en abaissant la température au réfrigérant, ce qui a pour conséquence une surcharge du condenseur et une augmentation de température dans ce dernier, en un mot une augmentation sensible de travail consommé.

Il est facile, lorsque la réfrigération se fait au moyen d'une circulation d'eau salée, de déterminer exactement le nombre de frigories produites par le réfrigérant. Il suffit de mesurer, à l'entrée et à la sortie de ce dernier, la température de l'eau salée, et de jauger le volume de liquide qui traverse l'appareil en une heure ; il faut connaître, en outre, la densité de la solution (mesurée à l'aide d'un aréomètre), et enfin sa chaleur spécifique. Cette dernière détermination est la plus difficile, à cause des nombreuses sources d'erreur résultant de l'emploi des calorimètres. Le tableau suivant donne les densités et les chaleurs spécifiques de solutions de sel de cuisine et de chlorure de calcium de différentes concentrations, et écarte ainsi toute difficulté. Ces valeurs ne sont qu'approximatives à cause des impuretés que contiennent les solutions et parce qu'un changement de température leur fait subir de faibles variations (1).

TABLEAU XII

Sel en kilog. par litre d'eau	Densité à 18 °C		Chaleur spécifique	
	Na Cl	Ca Cl²	Na Cl	Ca Cl²
0,05	1,0345	1,0409	0,945	0,966
0,10	1,0707	1,0852	0,916	0,878
0,15	1,1087	1,1311	0,874	0,817
0,20	1,1477	1,1794	0,832	0.754
0,25	1,1898	1,2305	0,790	0,700

Supposons, par exemple, qu'une solution salée dont la densité est de 1,1477, pénètre dans le réfrigérant à une température de — 2° C. et en sorte à — 6° ; la chaleur spécifique étant 0,832 chaque kilogramme de la solution aura abandonné dans le réfrigérant : 0,832 × 4 = 3,328 calories. Si nous admettons que le volume de solution qui traverse le réfrigérant est de 20 000 litres à l'heure, c'est-à-dire 20 000 × 1,1477 = 22 954 kilogrammes, le réfrigérant aura absorbé 22 957 × 3,328 = 76 390 calories (2).

(1) Ces valeurs sont cependant plus exactes que celles qu'on obtient en supposant simplement, pour le calcul du nombre de frigories produites, que la chaleur spécifique de la solution est la même que celle de l'eau, = 1.

(2) Dans l'exemple ci-dessus, les pertes dues au rayonnement et au travail

Si, pour une raison ou pour une autre (manque de jauges, par exemple), il n'est pas possible de mesurer l'effet frigorifique du réfrigérant, on a la ressource de mesurer l'effet du condenseur. Il suffit alors, pour connaître l'effet du réfrigérant, de soustraire du résultat obtenu la chaleur équivalente au travail mécanique du compresseur (nombre de chevaux indiqués multiplié par 636 en chiffre rond). Ce contrôle devrait avoir lieu dans toute installation bien dirigée au moins une fois par an.

16. Distributeurs et collecteurs. — Les différents serpentins qui composent un condenseur ou un réfrigérant sont réunis à leur extrémités par des pièces spéciales qui établissent la communication avec le tuyau principal condensant au compresseur ou au détenteur. Ces pièces sont appelées *distributeurs* ou *collecteurs*, selon qu'elles servent à répartir le fluide dans les serpentins ou qu'au contraire elles le rassemblent au sortir de ces derniers.

Jusqu'ici, on s'est borné à exécuter les pièces en fonte ou en fer forgé représentées dans les figures 82 à 85, pièces auxquelles on fait arriver les serpentins et le tuyau principal, sans tenir aucun compte de leurs positions respectives. Il est évident que, dans ces pièces, les résistances qui s'opposent au passage du fluide des

---

de l'agitateur sont comptées, car, si ces pertes ne se produisaient pas, la différence des températures à l'entrée et à la sortie serait plus grande; l'effet du réfrigérant serait donc aussi plus grand. On peut déterminer l'importance de cette augmentation de température en fermant les robinets d'arrivée et d'écoulement, en arrêtant le compresseur et les pompes, mais en laissant marcher l'agitateur. Il faut, toutefois, tenir compte non seulement de la masse du liquide, mais d'une quantité additionnelle, représentant les parties en fer du réfrigérant et l'isolateur.

serpentins 1, 2, 3, 4, 5 (*fig.* 82 et 84) à la conduite principale H sont différentes, de sorte que, même si tous

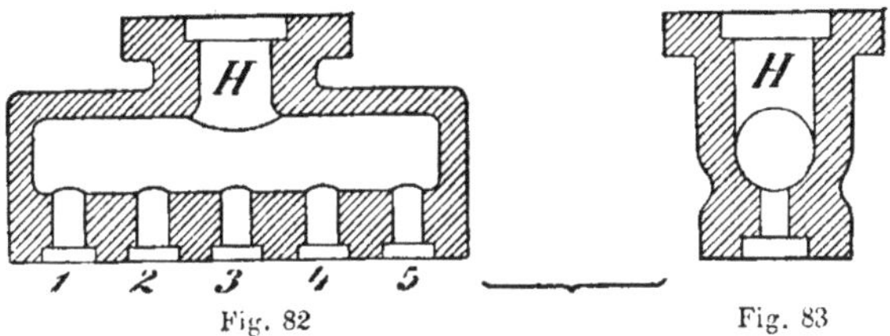

Fig. 82 Fig. 83

les serpentins ont exactement la même longueur, la répartition du fluide, dans chacun d'eux, sera inégale. Ce

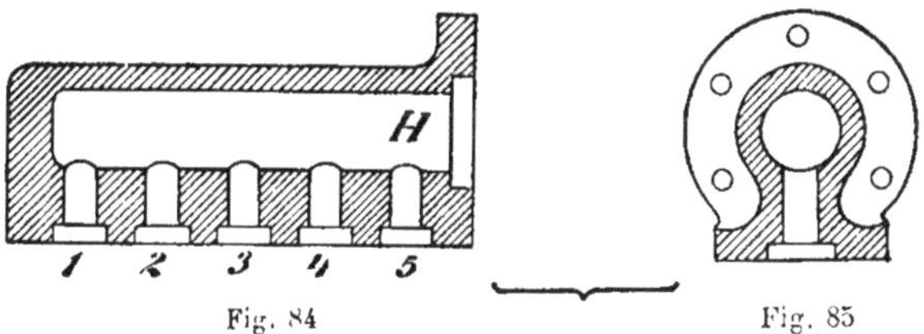

Fig. 84 Fig. 85

défaut est d'autant plus sensible que le fluide est plus dense et qu'il circule dans les tuyaux avec une vitesse plus considérable. Cette répartition inégale est très visible pour les serpentins du réfrigérant, près du collecteur et du distributeur, pendant la mise en marche ou peu après l'arrêt; les tubes sont plus ou moins fortement givrés. Au moment de la mise en marche ceux qui offrent la plus faible résistance à l'écoulement du fluide (2, 3, 4) se couvrent de givre les premiers, tandis que les autres sont encore intacts; de même après l'arrêt, ce sont ces derniers qui dégèlent le plus rapidement. Ce fait, qui paraît insignifiant au premier abord, est l'indice que les serpentins, qui offrent le minimum de résistance totale à l'écoulement du fluide, sont traversés par une plus grande quantité de ce dernier, la transmission de chaleur est donc sensiblement différente pour les diverses spirales et, par conséquent, la surface d'échange est incomplètement utilisée.

Il ne suffit pas, pour éviter cet inconvénient, de donner à toutes les spirales exactement la même longueur, et c'est ce qui avait engagé la société pour l'exploitation du brevet Linde à combiner le détendeur et le distributeur, comme on l'a vu plus haut (*fig.* 23). Toutefois, même lorsque la distribution est automatique, le détendeur doit être placé à portée du machiniste, c'est-à-dire, en général, assez loin du réfrigérant ou du bac à glace, qu'on place très fréquemment dans les locaux séparés, ne fut-ce qu'à cause de leurs grandes dimensions ; le raccordement des différents serpentins du réfrigérant avec le détendeur est donc assez compliqué.

On a trouvé une solution beaucoup plus simple, par l'adoption d'une forme toute particulière pour les collecteurs et les distributeurs, forme qui a, en outre, l'avantage de pouvoir s'appliquer indistinctement au condenseur, au refroidisseur ou au réfrigérant. Cela simplifie considérablement la construction des appareils et plus tard l'échange de l'une ou l'autre des pièces. Le principe fondamental de cette nouvelle disposition est que tous les raccordements doivent avoir exactement la même position par rapport au joint du tuyau central, et la même longueur. Dans le cas où le réfrigérant ou le condenseur ne se composent que de deux serpentins, il suffira, comme distributeur et collecteur, d'un tuyau coudé en demi cercle, avec, au sommet, le joint pour la conduite principale. Cette disposition est préférable à une pièce en T, où le changement de direction est trop brusque. On peut encore employer les tuyaux coudés pour un nombre de serpentins plus considérable, comme l'indiquent les figures 86 et 87, à condition que ces derniers soient en nombre pair. Cette restriction ainsi que le grand nombre de joints (presque deux fois

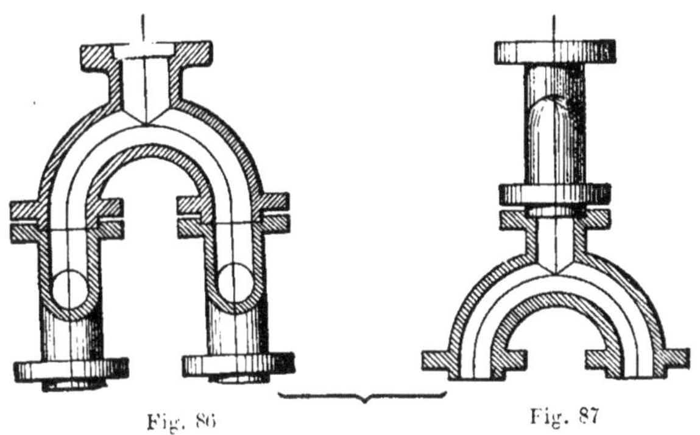

Fig. 86 Fig. 87

plus nombreux que pour les collecteurs en fonte, figures 82 à 85) a été un obstacle à l'application fréquente de cette disposition sans cela fort simple.

Lorsque l'arrangement des spirales permet d'installer un collecteur central, la solution la plus simple est d'exécuter ce dernier en une seule pièce, conique, comme cela est indiqué dans les figures 88 et 89; cette disposition est, en effet, indépendante du nombre de serpentins. La pièce

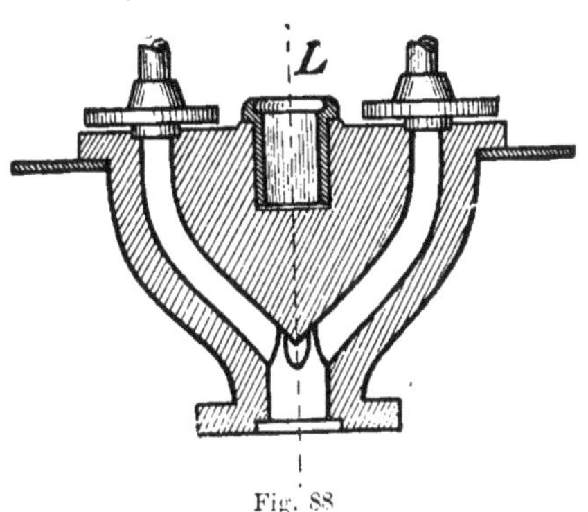

Fig. 88

que reproduisent ces deux figures est un collecteur placé à la partie inférieure du condenseur ou du réfrigérant et portant, en outre, la crapaudine I de l'agitateur. Les serpentins sont coudés à angle droit immédiatement au-dessus du joint et s'enroulent alors en spirale. Un grand avantage de cette disposition est, qu'en cas de révision ou lors du montage, on peut enlever les spirales et le collecteur sans avoir à rompre un seul joint. A moins de renoncer à l'agitateur central, cette pièce

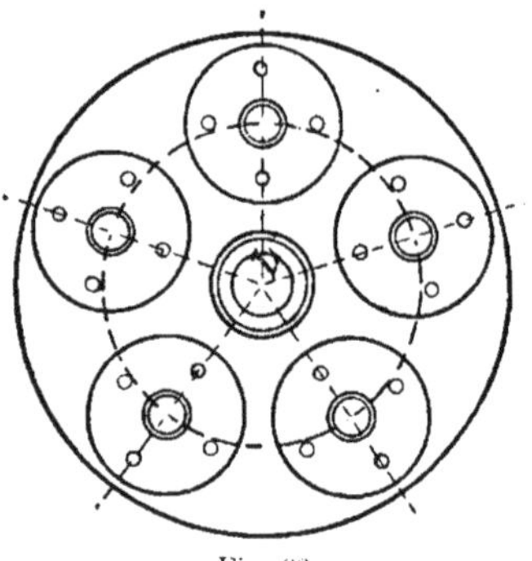

Fig. 89

ne peut être appliquée à la partie supérieure des appareils ; elle n'est également pas pratique pour des serpentins disposés en séries parallèles. Dans ce cas, on a recours à une seconde forme (*fig.* 89 et 90) possédant une cavité dans laquelle le tuyau central pénètre sui-

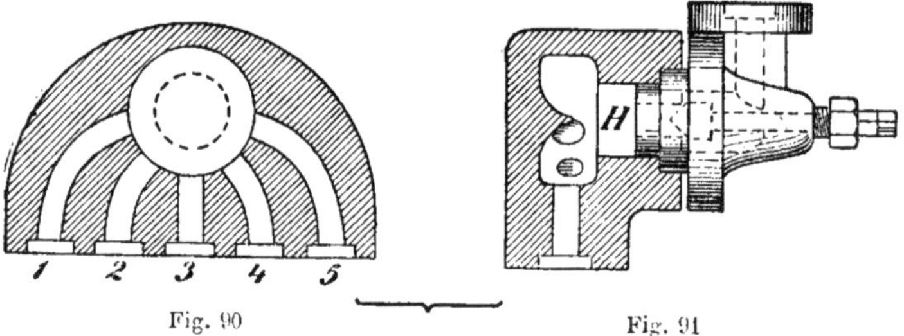

Fig. 90 Fig. 91

vant l'axe, les différents serpentins, par contre, suivant des rayons. Il n'est pas même nécessaire que les joints de ces derniers soient également répartis sur tout le pourtour de la cavité, puisque, dans tous les cas, la direction du courant est exactement modifiée de la même manière, c'est-à-dire à angle droit.

CHAPITRE IV

—

REFROIDISSEMENT DES LIQUIDES

17. Appareils pour le refroidissement des liquides. — On peut les classer en deux groupes : les uns, dans lesquels on utilise directement la détente du fluide intermédiaire, sont, en tous points, identiques aux réfrigérants étudiés dans le chapitre précédent. Nous ne nous occuperons donc que de la seconde catégorie, les *appareils à circulation*; la chaleur y est absorbée par un liquide refroidi préalablement dans le réfrigérant d'une machine frigorifique. Ces appareils sont plus compliqués que ceux de la première catégorie, par le fait qu'on utilise un liquide glacé comme véhicule du froid et par les installations nécessaires à la circulation de ce liquide. Ils fonctionnent cependant d'une manière beaucoup plus régulière que les autres, grâce à une réserve d'eau salée toujours considérable, qui les rend à peu près indépendants des variations de température produites à l'intérieur du réfrigérant. On les emploiera, de préférence, toutes les fois que ces conditions doivent être réalisées, comme c'est le cas en brasserie principalement.

On peut classer à leur tour les appareils à circulation en quatre groupes :

a) *Les appareils à cuves.* — Le liquide à refroidir occupe des récipients immergés dans le liquide réfrigérant ou refroidis par une circulation intérieure. La température du liquide s'abaisse peu à peu jusqu'à la limite désirée ; on remplace alors le liquide refroidi par une nouvelle quantité de liquide chaud ; le travail est intermittent. La température la plus basse qu'on puisse obtenir sera toujours supérieure à la température du liquide glacé à l'écoulement.

On emploie surtout ces appareils dans l'industrie laitière, pour refroidir le lait au moment de l'écrêmer ou, dans la fabrication du beurre, pour refroidir rapidement, à 4 ou 5° C. et sans l'agiter, la crême échauffée jusque vers 30° C. dans les centrifuges. On utilise dans ce but, soit un simple bain d'eau douce glacée (*fig.* 92

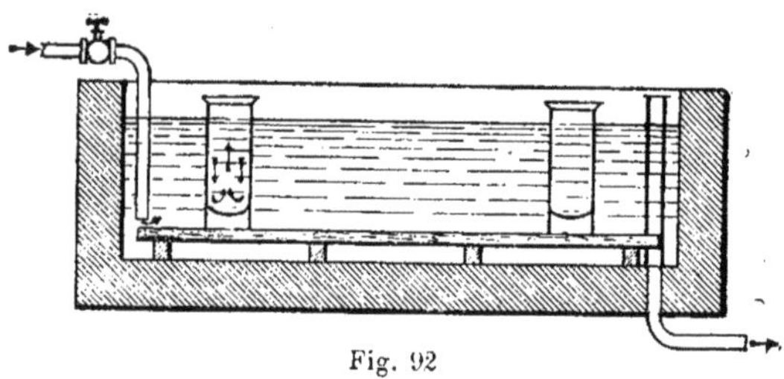

Fig. 92

et 93), soit un appareil à eau salée, de construction ré-

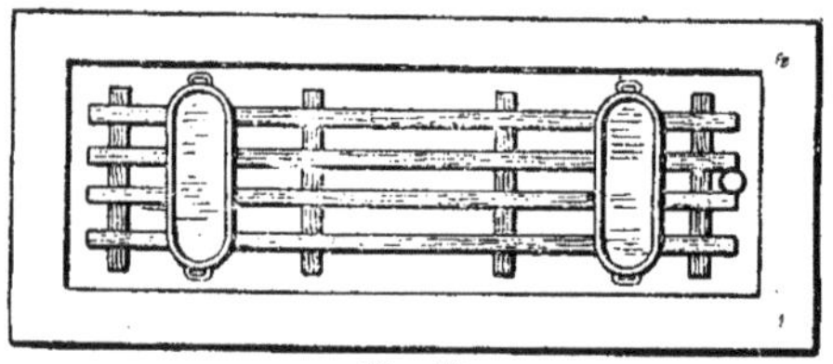

Fig. 93

cente (*fig.* 94), qu'on plonge pendant un quart d'heure

environ dans la cuve pleine de lait. Il se produit dans tous les cas au sein du liquide, ainsi que l'indiquent les flèches dans les figures ci-dessus, par suite d'un refroidissement inégal des différentes parties, une faible circulation qui accélère le refroidissement complet.

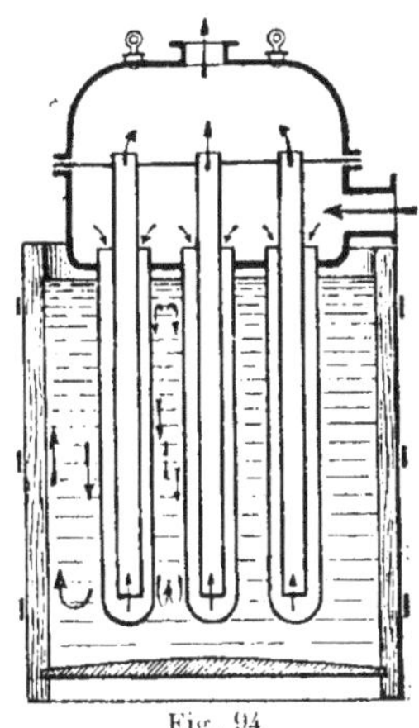
Fig. 94

b) *Appareils à courants parallèles.*— L'eau glacée et le liquide à refroidir circulent dans le même sens, de part et d'autre de la surface d'échange; la température la plus basse que puisse atteindre le liquide, est toujours supérieure à celle de l'eau glacée qui quitte l'appareil, comme dans les appareils de la première catégorie, que l'on préfère, en général, à ceux-ci. Toutes les fois qu'une circulation du liquide chaud est possible ou même désirée et qu'on cherche à réduire à son minimum la surface d'échange nécessaire, on emploie les :

c) *Appareils à contre-courant,* dans lesquels le liquide chaud et l'eau glacée circulent en sens contraire. Cette dernière rencontre, au moment où elle pénètre dans l'appareil, le liquide déjà rafraîchi, de sorte qu'il est possible de pousser le refroidissement jusqu'à la température initiale de l'eau glacée. On peut aussi obtenir des températures beaucoup plus basses qu'avec n'importe quel autre appareil. Si, pour une raison ou pour une autre, il n'est pas possible de réaliser un contre-courant parfait on se sert de :

d) *Combinaisons des précédents systèmes*, dont l'effet

est toujours moins parfait que celui des appareils à contre-courant.

Les appareils les plus simples de ce type se trouvent dans les brasseries américaines ; ils se composent de deux tubes en cuivre placés l'un dans l'autre (*fig.* 95). L'eau glacée arrivant du réfrigérant circule dans le

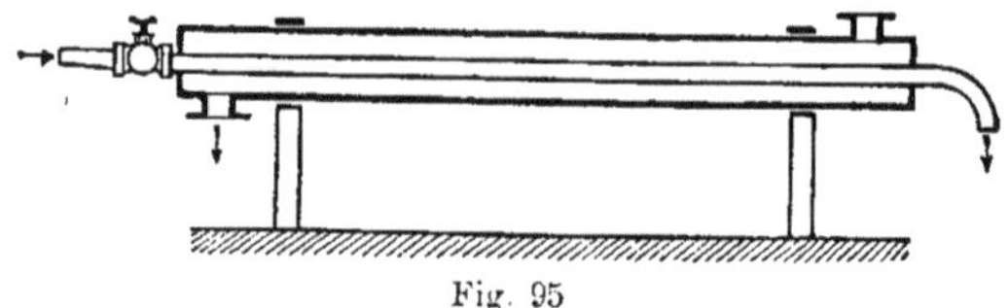

Fig. 95

tube intérieur, qui est entouré par le moût bouillant. La différence considérable de température (70° au commencement) permet de réduire beaucoup la surface d'échange, mais occasionne, sans aucun doute, une dépense de froid exagérée. La meilleure preuve en est, qu'on peut, sans aucune peine, refroidir le moût de 60° à 14° C. au moyen d'eau de source, et qu'on n'a besoin d'eau glacée qu'à ce moment là, pour abaisser davantage la température du moût. Le procédé américain ne se justifie que s'il paraît indispensable au brasseur de refroidir le moût le plus vite possible.

On a, en général, l'habitude d'aérer ce dernier (1) pendant le refroidissement, ce qui est impossible avec les appareils en question, tandis que cela a lieu tout naturellement, si on fait ruisseler le moût à la surface de tuyaux à mince paroi, dans lesquels circule de l'eau glacée. On peut réaliser un contre-courant très suffisant, en disposant ces tubes les uns au-dessus des autres, comme dans les condenseurs à ruissellement ;

(1) On filtre l'air pour éviter toute infection du moût.

l'eau glacée pénètre dans l'appareil par le bas, tandis que le moût ruisselle à l'extérieur. Ces appareils, dont l'invention est due à l'ingénieur anglais, W. Lawrence, adoptent une foule de formes différentes. Les appareils représentés dans les figures 96 et 97 sont les plus répandus ; ils sont entièrement en cuivre et les tuyaux

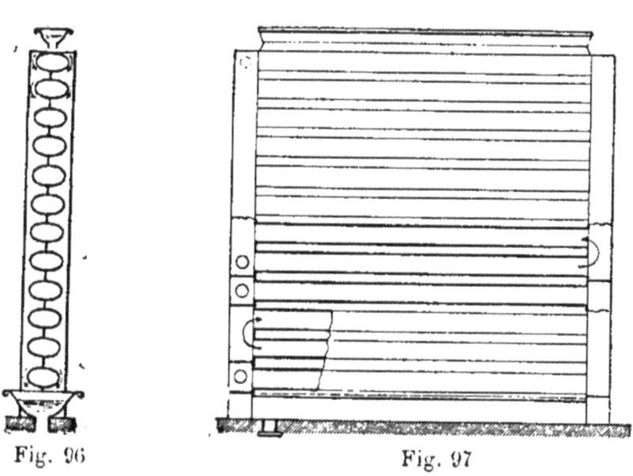

Fig. 96 Fig. 97

ont une section elliptique ; ils sont séparés les uns des autres par des traverses, et sont disposés en deux groupes, dont l'un est affecté à la circulation de l'eau de source, et l'autre à celle de l'eau glacée, provenant, en général, du réfrigérant d'eau douce. Les tuyaux sont reliés entre eux à chaque extrémité par des caissons en tôle, pourvus des parois de séparation nécessaires et auxquels aboutissent les tuyaux d'arrivée et d'écoulement. Un grand avantage de ces appareils est la facilité du nettoyage qu'on borne à la surface extérieure, puisqu'il ne circule à l'intérieur que de l'eau pure.

La transmission de chaleur y est de 300 à 400 calories à l'heure par mètre carré de surface d'échange, et pour une différence d'un degré entre les deux côtés de la paroi. Supposons qu'il s'agisse de refroidir en quatre heures 40 hectolitres de moût de 70° à 4° C., sans utiliser de bac; l'appareil devra absorber $10 \times 100 \times (70 - 4) = 66\,000$ calories à l'heure (1). Cependant, comme on peut, sans aucune difficulté, refroidir le moût jusqu'à 14° avec de l'eau de source, la machine frigorifique n'aura à fournir que le froid nécessaire au refroidissement de 14° à 4°, soit exactement 10 000 frigories à l'heure. Si l'on admet que la différence de température des deux côtés de la paroi est de 3°, l'échange sera de 900 à 1 200 calories par mètre carré et par heure, soit 1 000 calories en chiffre rond, et le réfrigérant devra avoir une surface de 66 mètres carrés. En général, on ne fait ruisseler le moût sur l'appareil qu'après un séjour prolongé sur les bacs, où il se refroidit jusqu'à 20 ou 30°, et on en ralentit encore l'écoulement; on peut donc réduire considérablement la surface de ces appareils, d'autant plus que l'évaporation d'une partie du moût, au contact de l'air frais, augmente encore leur rendement.

La compagnie industrielle des procédés Raoul Pictet, à Paris, a réalisé une intéressante application du contre-courant, dans des appareils destinés à refroidir une solution de sulfate de soude pour y provoquer la cristallisation de ce dernier (2). La solution pénètre dans le bac BB (*fig.* 98 et 99) par l'orifice 2 et s'écoule en 1; l'eau glacée circule en sens inverse à l'intérieur d'une série d'appareils animés d'un mouvement de rotation lent; ils se composent de plusieurs caissons lenticu-

(1) On peut admettre, sans commettre de grande erreur, que la chaleur spécifique du moût est = 1.

(2) *Revue industrielle*, 15e année, n° 19.

laires E (*fig.* 100), fixés par des cornières sur un arbre FF également creux. Les caissons sont séparés

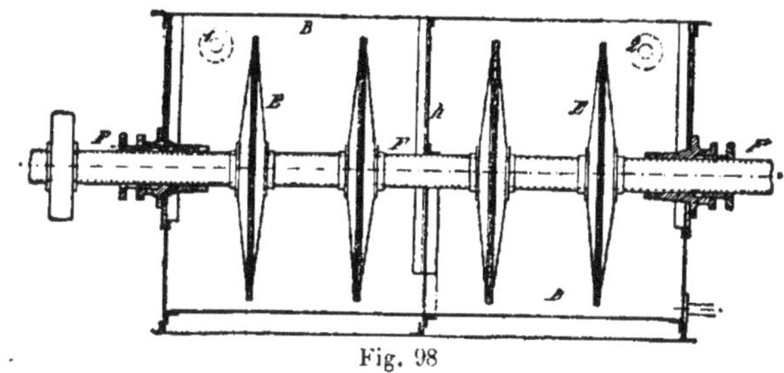

Fig. 98

en deux chambres par une cloison intérieure *c*, percée sur son pourtour d'un certain nombre de trous *d*. Pour

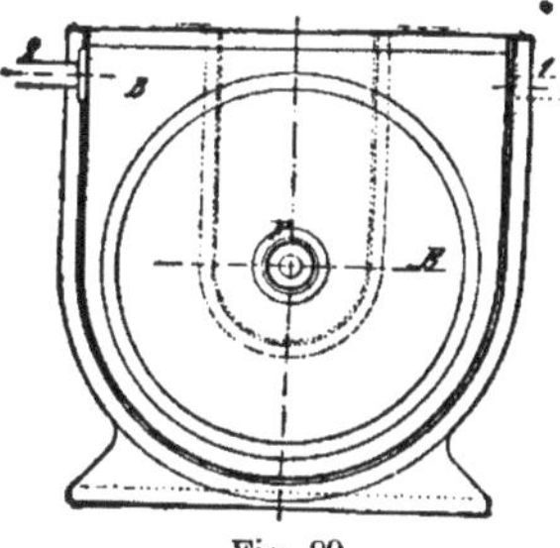

Fig. 99

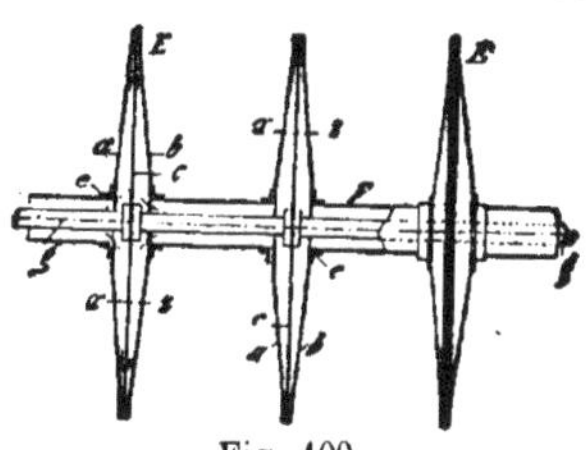

Fig. 100

donner au tout plus de rigidité, ces cloisons sont fixées sur une tige *gg* placée dans l'axe de l'arbre creux (*fig.* 101). L'eau glacée circule d'un côté de la cloison, du centre vers la périphérie, de l'autre, de la périphérie au centre, et s'écoule par l'arbre creux dans le caisson suivant. L'eau glacée arrivant par le palier G (*fig.* 102) pénètre dans l'arbre par les ouvertures *r*; l'étanchéité du joint est assurée par un presse-étoupe.

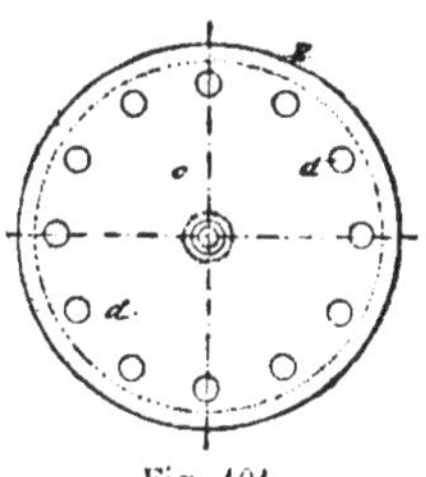

Fig. 101

On ignore quels sont les résultats pratiques de cet

appareil, employé dans les mines de salpêtre de l'Amérique du Sud ; la circulation de l'eau glacée ne s'y fait pas sans grandes résistances, dues aux brusques changements de direction, et qui absorbent une quantité de travail importante.

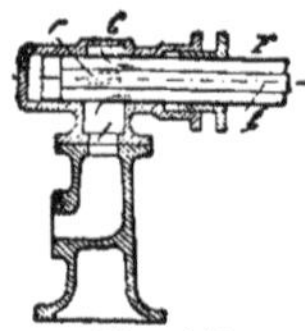

Fig. 102

Un procédé de cristallisation partielle des eaux-mères, par refroidissement à — 17° environ, a été récemment perfectionné par K. Hirzel, à Winterthur, qui utilise, dans l'appareil représenté figure 103, les eaux épuisées et refroidies pour rafraîchir les eaux encore saturées de sel, qui arrivent du puits (1). Ces dernières pénètrent en A et s'écoulent refroidies en B, après avoir traversé une série de tubes verticaux RR, baignés par le liquide glacé qui entre en C dans l'appareil et s'y élève à travers les chicanes Z. On peut ainsi refroidir à — 12° les eaux contenant 27 % de sel, qui arrivent du puits à une température de + 10 à + 12°, tandis que le liquide épuisé jusqu'à 15 ou 17 %, quitte l'appareil en D à une température de + 8 à + 10°. L'action du contre-courant est donc à peu près parfaite ; quant aux dimensions à donner à l'appareil, on peut compter sur une transmission de 1000 à

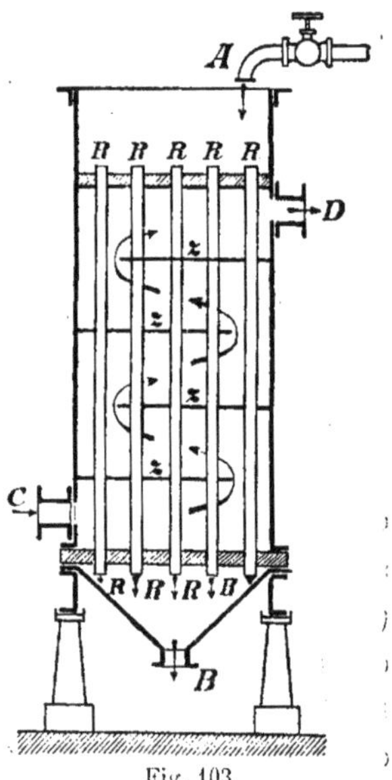

Fig. 103

(2) *Zeitschrift f. die ges, Kälteind.*, 1896, p. 141.

1 200 calories à l'heure par mètre carré, pour une différence de 5° de part et d'autre de la paroi d'échange. Pour provoquer une cristallisation, il faut pousser le refroidissement encore plus loin; les cristaux se déposent sur les disques de l'appareil Pictet, d'où ils sont enlevés par des râcles; ils tombent au fond du bac, dans une vis sans fin, qui les amène à un élévateur. Dans l'appareil de Hirzel, par contre, le refroidissement complémentaire a lieu dans un réfrigérant; les cristaux s'y précipitent, et une pompe les envoie au séchoir sous forme de bouillie.

18. Appareils pour le refroidissement des liquides. — Ils n'ont d'autre but que d'absorber la chaleur produite au sein des liquides par des réactions chimiques. Le rayonnement de la chaleur extérieure est arrêté par un refroidissement spécial de l'air (Chap. V). Comme, pour différentes raisons, le liquide doit rester en repos (pour la bière afin de faire déposer la levure) et que la température doit être, autant que possible, partout la même, le refroidissement dans des appareils à contre-courant est inutilisable et le procédé qu'on emploie pour refroidir le lait donne des résultats insuffisants. Il est nécessaire de produire le refroidissement au sein même du liquide et, par conséquent, de plonger dans ce dernier les appareils frigorifiques. Ces derniers doivent être proportionnés aux cuves auxquelles on les destine, avoir une surface d'échange suffisante, être très facilement transportables et, enfin, permettre un nettoyage rapide et complet. Sauf le cas où ces appareils sont de simples nageurs à glace, ils sont toujours traversés par un liquide glacé, en général, de l'eau de source refroidie à 0° dans le réfrigérant d'eau douce. Les tuyaux d'arrivée et d'écoulement sont placés au-dessus des cuves (*fig.* 104), et sont munis de robinets qu'on réunit aux nageurs par des tubes en

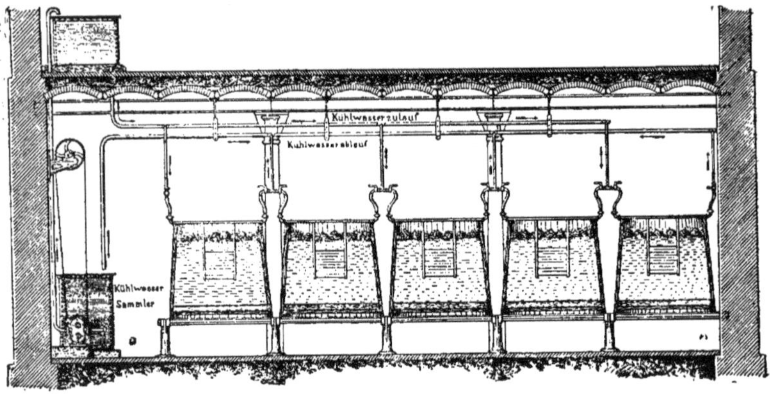

Fig. 104. — Kühlwasserzulauf; *arrivée d'eau glacée.* — Kühlwasserablauf; *sortie d'eau glacée.* — Kühlwassersammler; *bac à eau glacée.*

caoutchouc. L'eau réchauffée s'écoule dans un réservoir, d'où une pompe la renvoie au réfrigérant.

Les nageurs sont plats ou tubulaires, ils sont toujours en cuivre étamé et reposent sur le bord des cuves par l'extrémité des tubes d'arrivée et d'écoulement, réunis par une traverse de support. Les nageurs plats (*fig.* 105) sont pourvus de chicanes, à travers lesquelles circule l'eau glacée, qui pénètre par le bas du nageur; ils sont souvent formés de deux feuilles de cuivre soudées et frappées de manière à former les chicanes. Actuellement, les nageurs tubulaires sont tous formés d'un tuyau de cuivre enroulé comme l'indique la figure 106; ils sont meilleur marché que les autres et n'ont ni rivets ni sutures en contact avec le li-

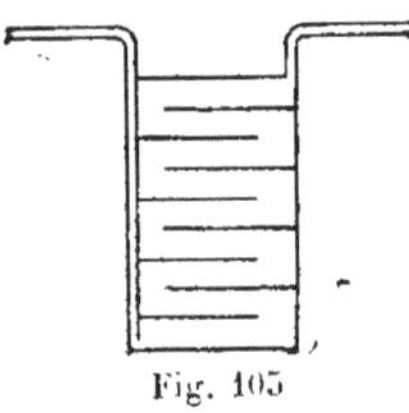

Fig. 105

quide, mais leurs dimensions sont beaucoup plus grandes que celles des nageurs plats, pour une même surface d'échange.

La quantité de frigories nécessaires pour empêcher le liquide contenu dans les cuves de s'échauffer, dépend uniquement de la chaleur dégagée par la réaction chimique. Soit, par exemple, un moût de bière contenant par hectolitre 15 kilogrammes d'extrait, dont 50 % doivent fermenter ; le nombre de frigories à produire pour empêcher un échauffement du moût sera, si la fermentation de 180 grammes de sucre produit en chiffre rond 32 calories (1) : $32. \frac{15\,000.\ 0,5}{180} = 1333$ frigories par hectolitre ou 40 000 frigories par cuve de 30 hectolitres ; cette quantité se répartit sur toute la durée de la fermentation, dix jours ou 240 heures environ, ce qui représente une consommation de 167 frigories par cuve et par heure. Si l'on admet que la température ne doit pas s'élever dans les cuves au-dessus de 6°, l'eau qui arrive au nageur à une température de + 1° environ devra le quitter avec + 5° au maximum ; cela correspond à une consommation de $\frac{167}{5-1} = 42$ litres d'eau glacée par cuve et par heure. Pour une différence de température moyenne de 2°, entre le moût et l'eau glacée, la surface d'échange du nageur devra être de 0,25 à 0,33 mètre carré.

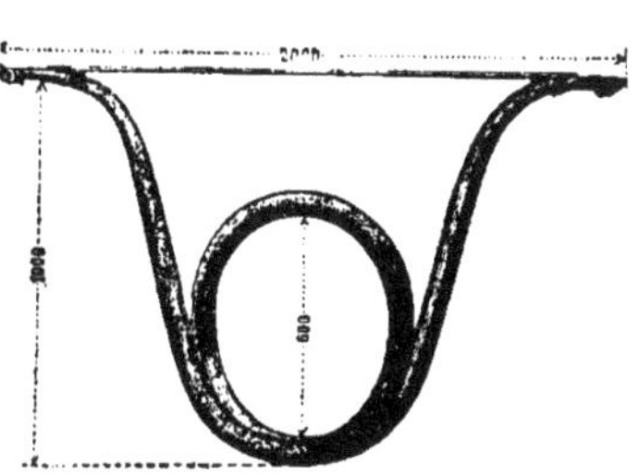
Fig. 106

(1) Bouffard. — *Comptes Rendus*, 1895, n° 8.

CHAPITRE V

REFROIDISSEMENT DE L'AIR

19. Lois du refroidissement de l'air. — On a recours au refroidissement de l'air pour empêcher ou retarder la décomposition des aliments, qui se produit très rapidement à une température normale. Deux conditions essentielles favorisent cette décomposition : l'accès de l'air, entre certaines limites de température, et la présence d'humidité, constituant les éléments les plus favorables au développement des microorganismes de la putréfaction. Ces derniers sont sinon tués, du moins atteints dans leurs facultés de reproduction par un abaissement suffisant de la température. Pour les liquides, on opère le refroidissement directement tandis que pour les solides, on opère indirectement, par refroidissement de l'air ambiant ; il est important, pour empêcher l'action microbienne, de provoquer en même temps une absorption plus ou moins complète de l'humidité.

On cherche donc dans les installations frigorifiques des abattoirs ou des halles, à abaisser, en même temps que la température, le degré d'humidité relatif de l'air. Cela n'est possible que si l'air entre en contact avec des surfaces dans le voisinage desquelles la vapeur d'eau a, pour une même température, une tension inférieure à la tension de saturation dans l'air. L'emploi d'eau froide, même si l'on pouvait la refroidir constamment à une température inférieure à 0°, est insuffisant puisque la tension de vapeur qui règne à la surface, correspond toujours à la température de l'eau. Par contre, il semble facile, au premier abord, de débarrasser l'air d'un excès d'humidité en le refroidissant sensiblement plus qu'il ne serait nécessaire, et en le réchauffant, après avoir écarté les produits de condensation. Ce procédé n'est pas applicable : il est à peine admissible, en effet, qu'on puisse réchauffer l'air sans augmenter de nouveau sa teneur en eau, les surfaces chaudes avec lesquelles il doit entrer en contact n'étant jamais absolument sèches. Ce refroidissement supplémentaire représente, en outre, une augmentation importante du travail de la machine frigorifique. On en est donc réduit à refroidir l'air au contact de surfaces où la tension de vapeur est inférieure à la tension de saturation.

Ces surfaces sont de deux genres : elles sont fournies, soit par de la glace sèche, soit par des solutions salées difficilement congelables. Le phénomène est toujours déterminé par la différence de tension des vapeurs dans l'air, et à la surface du corps réfrigérant. Cette différence est toujours très faible, à basse température, mais néanmoins suffisante pour produire l'effet voulu, si le courant d'air est violent et la surface de contact assez grande. J. Juhlin (Acad. de sciences suédoise, 1892. Supplément) a publié les résultats suivants au sujet des tensions, (en millimètres de mercure) de vapeur, à la surface de l'eau et de la glace, pour des températures identiques.

Températures	Sur l'eau	Sur la glace	Différence
	m/m	m/m	m/m
— 13°	1.744	1,532	0,212
— 10°	2,197	1,999	0,198
— 5°	3,303	3,068	0,135
0°	4,618	4,602	0,016

Pour les solutions salines, on peut déterminer ces différences de tension à l'aide des poids moléculaires et on trouve les différences suivantes entre l'eau et les solutions saturées (1) :

Températures	Chlorure de calcium	Chlorure de sodium	Chlorure de magnésium
	m/m	m/m	m/m
— 10°	0,142	0,206	0,209
— 5°	0,334	0,457	0,447

On peut se convaincre qu'on réalisera en moyenne des différences de tension plus considérables en employant des solutions salées, même diluées, qu'en se servant de glace, dont l'action desséchante est plus faible. Les solutions salées s'affaiblissent peu à peu par l'absorption de l'eau condensée, aussi faut-il pour les renforcer de temps en temps, en soutirer une certaine quantité et ajouter du sel ; c'est plus simple et moins coûteux que de concentrer le liquide par évaporation. Le liquide salé est maintenu constamment à la même température par le réfrigérant d'une machine frigorifique, ou, en tout cas, ramené à intervalles réguliers, par un passage à travers ce dernier, à une température suffisamment basse.

(1) Tables de Landolt et Börnstein (Berlin, 1894).

La glace sèche est celle qui se forme à la surface des tuyaux dans lesquels circule soit le corps intermédiaire lui-même, soit l'eau glacée ; l'humidité de l'air qui entre en contact avec ces surfaces s'y condense également sous forme de glace et fixe ainsi la plus grande partie des microbes qui se trouvent dans l'air.

Lorsque l'air est séché à la surface de liquides glacés, il se produit uniquement une liquéfaction de la vapeur d'eau, sans congélation, de sorte que la quantité de chaleur absorbée dans ce cas est diminuée de la chaleur de fusion. Comme ce procédé permet en outre un contact très parfait de l'air avec les surfaces réfrigérantes, dont on peut augmenter à volonté les dimensions, il est plus économique que l'autre.

On a en tous cas renoncé à dessécher l'air au contact de la glace humide (naturelle), comme cela se pratiquait exclusivement, avant l'introduction des machines frigorifiques. On ne peut, en effet provoquer un refroidissement de l'air ou une condensation de son humidité, que par la fusion d'un certain poids de glace, de sorte que la surface de cette dernière est toujours humide, et qu'il est impossible de maintenir la différence indispensable entre les tensions de vapeur. L'écoulement, même rapide, de l'eau provenant de la fusion de la glace, ne modifie pas ces conditions défavorables, car la glace est toujours humide, lorsqu'elle n'est pas soumise à un refroidissement direct (ce dernier cas se présente pour la glace qui se forme à la surface de la tuyauterie).

Il est facile de déterminer le nombre de frigories nécessaires au refroidissement et au dessèchement simultané de l'air, si l'on connaît les températures initiale et finale de ce dernier et son degré d'humidité. Le nombre cherché s'obtient en multipliant la différence entre les températures initiale et finale par la chaleur spécifique, 0,2377, à pression constante. Lorque la quantité d'air est indiquée en mètres cubes, comme c'est le plus souvent le cas, on multiplie la différence des températures par 0,2377 × 1,293 = 0,31, un mètre cube d'air pesant à 0° et à la pression atmosphérique 1,293 kilogrammes.

Il faudrait, par exemple, pour refroidir 1 000 mètres cubes à l'heure, de + 2° à — 3° : 1 000 × 5 × 0,31 = 1550 frigories.

Le tableau ci-dessous donne, pour différentes températures, la quantité de vapeur d'eau que contient 1 mètre cube d'air saturé, et permet de calculer le nombre de frigories nécessaires au déssèchement.

TABLEAU XIII

Température	Quantité de vapeur en gr. par m³	Température	Quantité de vapeur en gr. par m³	Température	Quantité de vapeur en gr. par m³
— 20	1,13	— 4	3,70	+ 3	5,95
— 15	1,66	— 3	3,96	+ 4	6,36
— 10	2,40	— 2	4,25	+ 5	6,79
— 9	2,59	— 1	4,52	+ 6	7,25
— 8	2,78	0	4,87	+ 7	7,73
— 7	2,99	+ 1	5,21	+ 8	8,24
— 6	3,21	+ 2	5,57	+ 9	8,73
— 5	3,45			+ 10	9,36

On peut admettre que dans les limites de ce tableau, la condensation d'un gramme d'eau produit 0,61 calorie ; on calculera donc la quantité de chaleur produite par la condensation de l'humidité contenue dans une certaine quantité d'air, en multipliant les poids de vapeur d'eau contenus aux températures initiale et finale dans 1 mètre cube d'air saturé, par le degré hygrométrique de l'air, puis la différence de ces deux valeurs par 0,61 et enfin le produit par le nombre de mètres cubes d'air à dessécher (1).

Supposons, par exemple, qu'il s'agisse, tout en refroidissant, comme tout à l'heure, 1 000 mètres cubes d'air de + 2° à — 3°, de le dessécher de telle sorte que son humidité relative tombe à 0,7 (ou 70 %). La quantité de vapeur nécessaire à la saturation de 1 mètre cube d'air étant de 5,57 grammes à + 2° et de 3,96 à — 3°, on déterminera le nombre de frigories nécessaires, par la formule suivante :

$$1\,000 \times 0{,}61 \times (5{,}57 - 3{,}96 \times 0{,}7) = 1\,708 \text{ frigories,}$$

tandis qu'on n'emploie que 1 550 frigories pour le refroidissement. Cet exemple établit clairement le rôle important que joue le dessèchement et la nécessité d'en tenir compte dans les calculs d'une installation frigorifique, si l'on ne veut pas s'exposer à ce que cette dernière soit tout à fait insuffisante.

Les différents systèmes de refroidissement se divisent en deux groupes principaux : ceux utilisant le rayonnement direct des tuyaux dans lesquels circule un liquide glacé, et qui se recouvrent rapidement d'une couche de givre, et ceux dans lesquels on provoque la circulation mécanique de grandes masses d'air, qui se refroidit au contact d'une solution incongelable dans des appareils spéciaux, les *frigorifères*.

20. — *Les appareils* du premier type, *à rayonnement*, se distinguent de nouveau en deux groupes : ceux à détente directe et ceux à circulation de liquide

(1) Cette méthode n'est qu'approximative, mais elle donne des résultats suffisamment exacts dans la limite des températures d'une installation réfrigérante; elle se distingue en tout cas d'autres méthodes plus exactes, par sa grande simplicité.

salé. Il est impossible, faute de données théoriques sérieuses ou d'essais probants, de donner la préférence à l'un ou à l'autre de ces systèmes. Le premier est très apprécié en Amérique ; il est appliqué en France par Fixary et en Allemagne par la fabrique « Humboldt » à Kalk près Cologne ; un avantage sérieux semble tout d'abord résulter de la suppression de l'eau salée, formant une deuxième surface d'échange (réfrigérant) ; la différence entre la température de l'air et celle du fluide intermédiaire circulant dans la machine est réduite à un minimum ; cela représente une diminution de travail au compresseur. Toutefois, l'échange relatif de chaleur étant moins parfait dans le cas de la détente directe que dans celui d'une circulation de solution saline, on ne peut tirer d'avantage appréciable du premier de ces systèmes, qu'en augmentant sensiblement la surface d'échange, c'est-à-dire la longueur de la tuyauterie, ce qui accroit les résistances à la circulation du fluide. Ce système suppose en outre un réglage très minutieux de la machine frigorifique, car par la disparition du réservoir à eau salée, faisant en quelque sorte office de régulateur, les variations de température à l'intérieur de la machine se répercutent immédiatement dans les locaux à refroidir. Comme on évite précisément avec soin, en Europe, toute variation de température dans ces locaux, les appareils à détente directe y sont fort peu répandus.

Une distinction plus caractéristique des appareils à rayonnement, est celle basée sur la circulation naturelle et artificielle de l'air (1).

---

(1) Les appareils à circulation naturelle d'air sont la contre-partie des calorifères à vapeur et à eau chaude.

a. Les appareils à rayonnement avec circulation naturelle d'air sont disposés soit dans la pièce à refroidir, soit dans une chambre froide spéciale, placée au-dessus de la première et communiquant avec elle par des bouches à air. L'air chaud des halles à conserver la viande et des caves de fermentation ou de garde des brasseries tend à monter, tandis que l'air avoisinant les batteries frigorifiques et refroidi par celles-ci, descend, en vertu de son poids spécifique plus considérable.

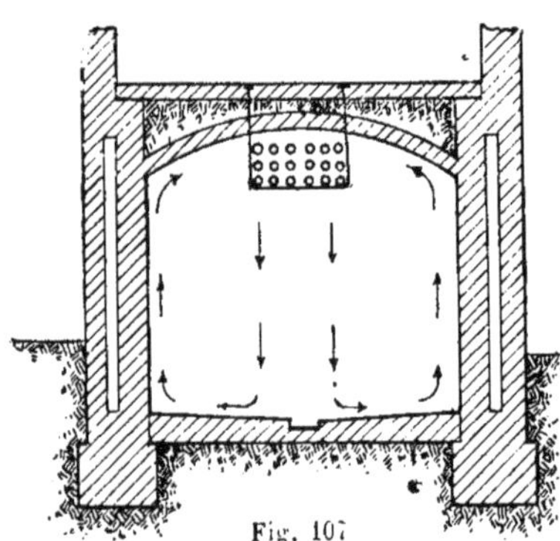

Fig. 107

On a continué, en Europe, de fixer ces batteries à la voûte des caves (*fig.* 107), et on provoque ainsi un courant d'air descendant de la voûte vers le fond de la cave, et remontant le long des parois. En Amérique, les tuyaux sont fixés les uns au-dessus des autres, le long des parois (*fig.* 108), ce qui provoque un courant d'air précisément contraire. Pour augmenter la surface d'échange, on emploie maintenant des tubes à ailettes, comme ceux des calorifères.

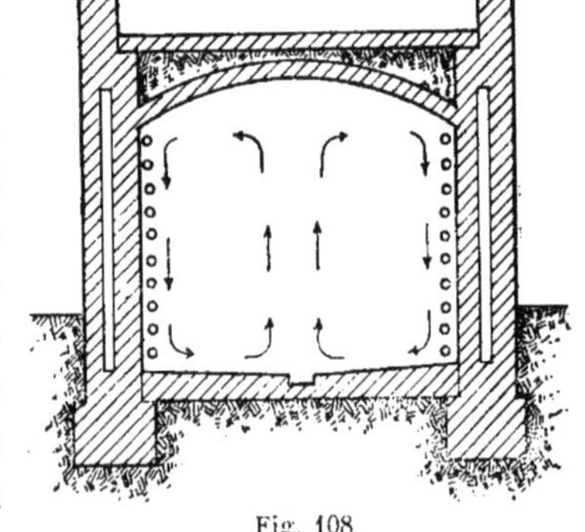

Fig. 108

La disposition américaine a l'inconvénient d'amener

le courant d'air froid immédiatement en contact avec les murs et le sol de la cave, ce qui favorise les déperditions de froid, puisque c'est précisément par là que pénètre la plus grande quantité de chaleur. Le procédé européen, permet, au contraire, à l'air froid d'absorber une grande quantité de chaleur à l'intérieur de la cave, avant d'entrer en contact avec les parois; la différence entre la températnre de ces dernières et celle de l'air extérieur est aussi plus faible, de sorte que ce procédé est certainement plus économique.

Il est important pour l'une et l'autre de ces dispositions de recueillir, en cas de dégel de la tuyauterie, l'eau qui en dégoutte et qui contient une quantité de germes d'infection. Cela est particulièrement facile lorsque les batteries sont placées dans une chambre froide, au-dessus de la cave (*fig.* 109); on dispose sous chaque batterie des feuilles en tôle dans lesquelles l'eau tombe goutte à goutte, et qui ne gênent aucunement la circulation de l'air. Cette chambre froide doit avoir au moins hauteur d'homme, et être isolée avec autant de soin que la cave elle-même. Elle communique avec cette dernière par des canaux latéraux qui ramènent l'air chaud aux batteries

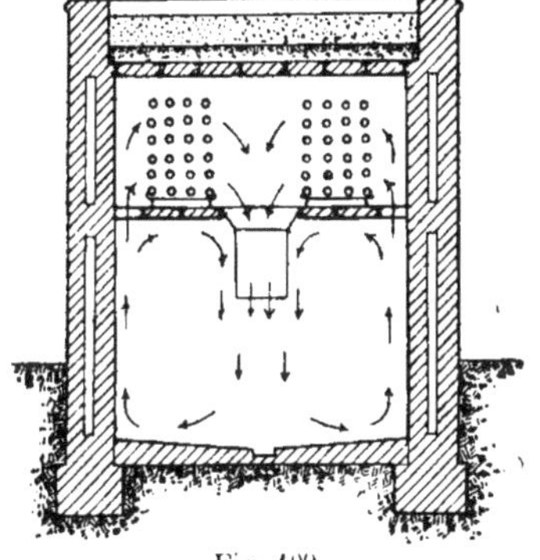

Fig. 109

et par une ou plusieurs cheminées centrales, qui livrent passage à l'air froid. Le but de ces cheminées est d'empêcher que l'air froid ne se réchauffe dans les parties supérieures de la cave et ne revienne immédiatement à la chambre froide.

Le trait caractéristique de toutes ces installations est le déplacement à peine sensible de l'air, résultant tout naturellement des faibles différences de température qui se produisent dans les locaux. Cela est avantageux lorsqu'il s'agit de rafraîchir un local et non pas de dessécher les marchandises qu'on veut y conserver ; ce dernier but n'est réalisable qu'avec une circulation rapide et de fréquents changements d'air. Le refroidissement par circulation naturelle de l'air s'applique donc parfaitement aux caves de brasserie où, en raison des masses de liquide qu'elles renferment, on ne peut songer à dessécher l'air. Il en est tout autrement pour des aliments qui se gâtent rapidement (viande, poissons), et dont la conservation nécessite un dessèchement au moins superficiel.

On emploie, pour la circulation de l'eau salée, des tuyaux forgés, de 2 pouces (51 millimètres) de diamètre intérieur, de 57 millimètres de diamètre extérieur dont la surface moyenne d'échange est de 0,169 mètre carré par mètre courant. La couche de givre, mauvaise conductrice, empêche une transmission supérieure à 100 calories par mètre carré et par heure ; dans les appareils à détente directe, il ne faut pas compter plus de 80 calories, car il faudrait, pour une production supérieure, trop abaisser la température à l'intérieur de la machine. On travaille dans les meilleures conditions, lorsque les tuyaux ne sont que très faiblement recouverts de givre et que leur couleur est grise ; une épaisse couche de givre entraîne toujours une augmentation considérable de travail au compresseur.

b) Les appareils à rayonnement avec circulation arti-

ficielle d'air doivent, pour permettre le contact de l'air avec les surfaces réfrigérantes, être placés dans des locaux spéciaux ; ces derniers communiquent par deux canaux, d'une part avec les conduites de distribution, d'autre part avec les tuyaux d'aspiration de l'air chaud. Le ventilateur est placé dans le canal principal d'aspiration. Le travail consommé par le ventilateur est d'autant plus faible que la section des conduits est plus grande, et que ces derniers présentent moins de coudes (1). C'est d'autant plus important que le travail du ventilateur produit une quantité de chaleur équivalente absorbée par l'air, et qui diminue l'effet frigorifique. La perte de ce fait peut être très considérable dans des installations mal organisées.

Grâce au ventilateur et aux canaux de distribution et d'aspiration de l'air, on a entièrement en main la ventilation des chambres frigorifiques.

Les canaux exécutés à l'origine en tôle étamée (2), sont maintenant exclusivement en bois, imprégné de sulfate de fer ; on leur donne une forme parallélipipédique et on les fixe toujours au plafond des chambres. L'air froid arrive dans ces dernières par des bouches placées à la partie inférieure des canaux de distribution, tandis que l'air chaud s'échappe, en général, par des orifices pratiqués dans les parois latérales des ca-

(1) On peut admettre, dans des conditions normales, et pour une vitesse de 10 mètres à la seconde dans les canaux principaux, que le travail consommé par le ventilateur est de 0,15 à 0,2 chev. pour un déplacement d'air de 1 000 mètres cubes à l'heure, ce qui occasionne une élévation de température de 0,3° à 0,4°. Si l'on double la quantité d'air, et, par conséquent, la vitesse le travail du ventilateur et la chaleur produite seront quadruplés.

(2) Ils ont l'inconvénient de favoriser la condensation de l'humidité qui se dépose sur les conduits : elle dégoutte sur les marchandises, les souille et empêche leur dessiccation.

naux d'aspiration, plus rarement à leur partie supérieure ou inférieure. Si l'extension des chambres frigorifiques nécessite un réseau multiple de canaux, on fait alterner les conduits de distribution et d'aspiration, de manière à provoquer un déplacement d'air tel que l'indique la figure 110. Les figures suivantes (111 et

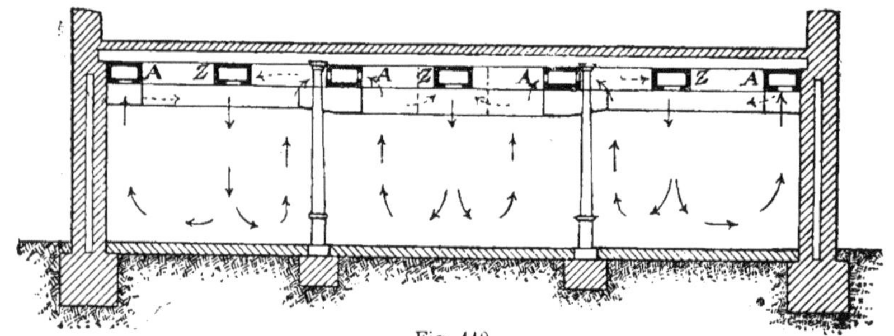

Fig. 110

112), donnent le plan de l'installation des chambres frigorifiques de l'abattoir de Chemnitz (1). La disposition la plus pratique consiste à faire arriver l'air froid directement au-dessus de chacune des cellules où sont emmagasinées les viandes, et de placer les canaux d'aspiration tout le long des couloirs centraux.

Les figures 113 à 115 représentent un appareil à rayonnement avec détente directe d'ammoniaque, construit par la maison « Humboldt », et qui donne d'excellents résultats. Il comprend deux chambres froides avec un couloir mitoyen ; la détente de l'ammoniaque se produit dans l'une des deux chambres, tandis que l'air chaud qui fait retour à l'appareil fait dégeler la surface des batteries de l'autre chambre ; il passe

---

(1) *Zeitschrift f. d. ges. Kälteind*, 1894, p. 5.

refroidi dans le canal mitoyen pour être enfin desséché

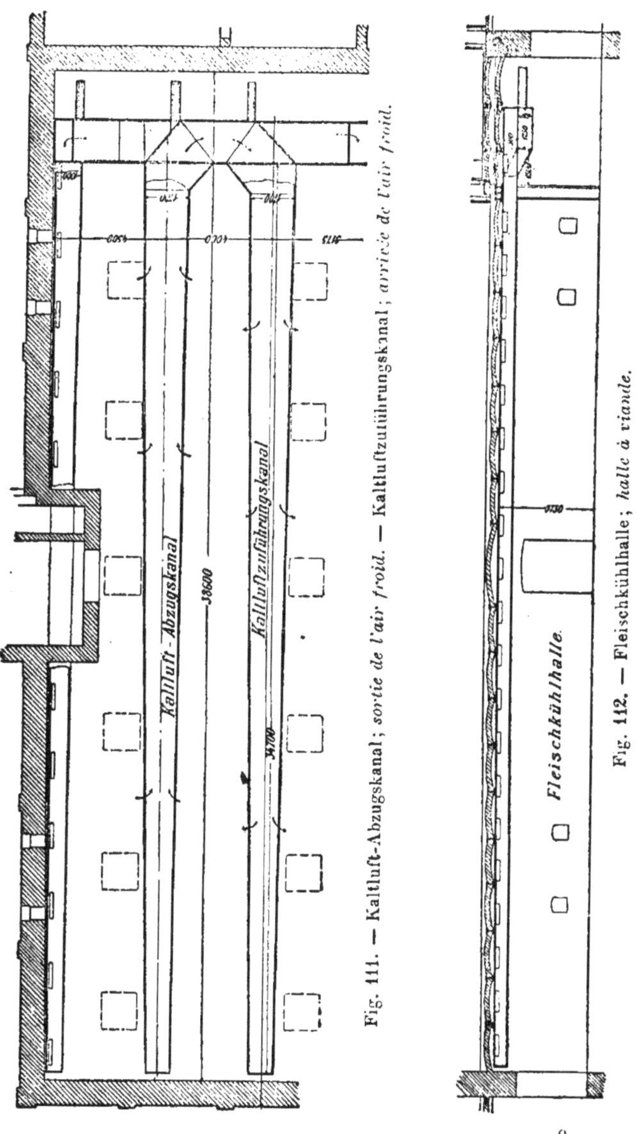

Fig. 111. — **Kaltluft-Abzugskanal**; *sortie de l'air froid.* — **Kaltluftzuführungskanal**; *arrivée de l'air froid.*

Fig. **112.** — **Fleischkühlhalle**; *halle à viande.*

et subir un refroidissement complémentaire dans la

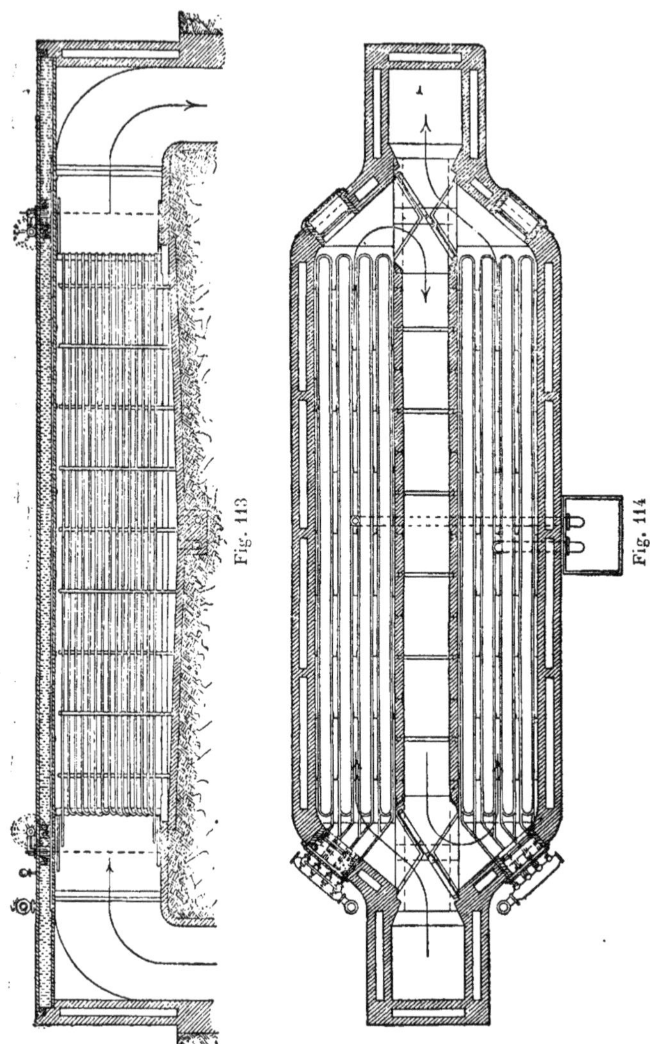

Fig. 113

Fig. 114

première chambre. Lorsqu'après quelques heures les

batteries de cette dernière sont couvertes d'une forte couche de givre, on envoie le courant d'ammoniaque dans les batteries de la chambre n° 2, et on renverse le courant d'air au moyen de registres, indiqués dans la figure 115.

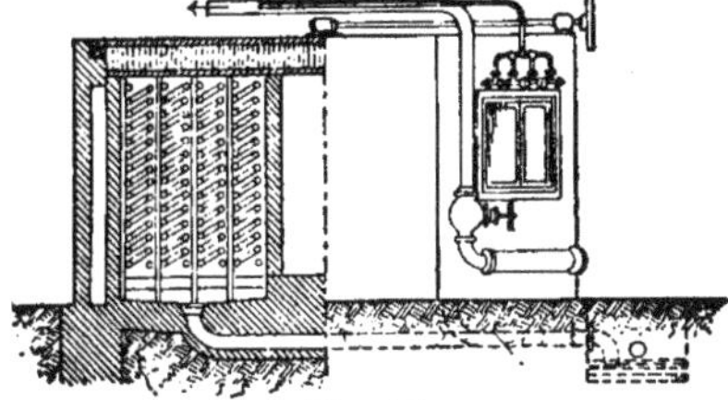

Fig. 115

21. Les frigorifères fonctionnent tous avec un courant d'air artificiel. Il en existe deux types différents : les uns sont des appareils à surface dans lesquels l'air circule entre des surfaces fixes ou mobiles, plongeant en partie dans une solution salée ; dans les autres, l'air qui traverse l'appareil est soumis à l'action de l'eau salée tombant en pluie plus ou moins fine.

Les frigorifères à surfaces fixes ne diffèrent en rien des condenseurs à ruissellement étudiés dans un précédent chapitre. Ils se composent des faisceaux de tuyaux superposés, à l'intérieur desquels circule le fluide intermédiaire, tandis que l'eau salée ruisselle à l'extérieur en absorbant la chaleur et l'humidité de l'air qui traverse l'appareil. Le tout est placé dans une chambre où aboutissent canal d'aspiration et canal de refoulement de l'air. L'eau salée s'écoule dans un bac, d'où elle est repompée dans les gouttières placées au-dessus des tubes du frigorifère.

Les frigorifères à surfaces mobiles sont très répandues dans la forme des *appareils à disques* de Linde (*fig.* 116). Ils se composent d'un bac rempli de la solution salée, au fond duquel se trouvent les serpentins du réfrigérant de la machine frigorifique, tandis qu'un grand nombre de disques de 1,2 à 1,5 mètre de diamètre, calés par groupe de 50 à 80 sur plusieurs arbres horizontaux, plongent de un tiers de leur diamètre dans l'eau salée. Ces arbres sont animés d'un mouve-

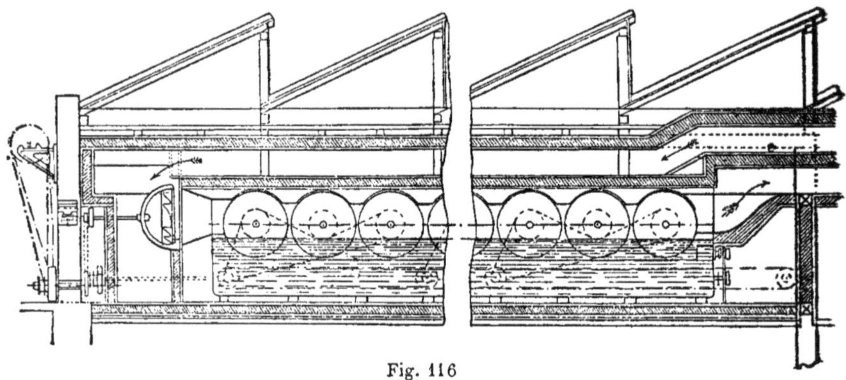

Fig. 116

ment de rotation lent (5 à 8 tours à la minute), de sorte que les disques sont constamment humides ; ils refroidissent et dessèchent l'air qui entre en contact avec eux. Chaque groupe de disques est recouvert d'une enveloppe qui épouse leur forme, de sorte que l'air est obligé de se diviser et de passer en couches minces entre les différents disques. Ces appareils sont un peu compliqués par les transmissions des arbres et l'agitateur de la solution salée, mais ils ont cependant donné d'excellents résultats (1).

Il en est de même pour les frigorifères du second type, dont la figure 117 donne une représentation schématique. Ils permettent de réaliser facilement un con-

(1) Le travail consommé par les plus grands de ces appareils est, d'après les expériences connues jusqu'ici, de 0,1 chev. pour un déplacement de 1 000 mètres cubes à l'heure et un abaissement de température de + 4° à — 6°.

tre-courant entre l'air qui circule de bas en haut de l'appareil et l'eau qui tombe en cascades. Pour être exact, il faut mentionner que l'air se refroidit aussi au contact des cuvettes métalliques dans lesquelles tombe l'eau salée. Toutefois les changements répétés de direction du courant d'air, qui favorisent un refroidissement et un dessèchement uniforme, augmentent considérablement le travail du ventilateur, surtout si l'air doit traverser plusieurs appareils. Nous avons déjà relevé l'influence de ce fait sur le rendement frigorifique. Le travail des pompes à eau salée est, dans ces appareils, des plus minimes, en comparaison de celui qu'absorbe le ventilateur; rappelons encore que toutes ces installations supposent l'existence d'un réfrigérant qui abaisse la température de l'eau salée jusqu'au degré voulu.

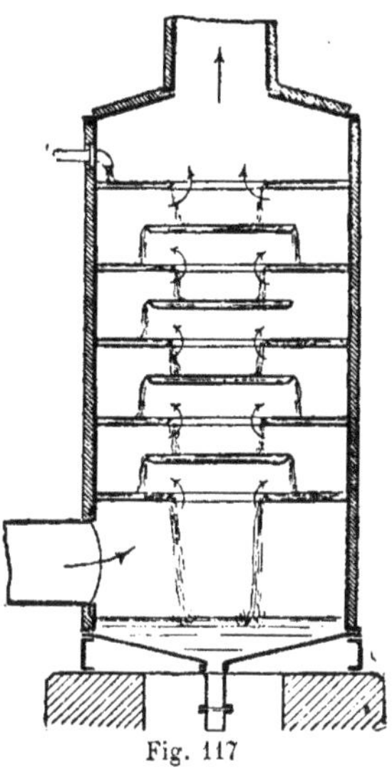
Fig. 117

Au point de vue de l'économie de travail, ces appareils sont, sans doute, un peu moins avantageux que les appareils à ruissellement à surfaces fixes.

22. — *La quantité de froid nécessaire au refroidissement de l'air*, dépend des objets qu'il s'agit de refroidir jusqu'à la température des caves frigorifiques et parfois de dessécher. D'autre part, la quantité de chaleur qui pénètre dans les chambres, par conductibilité et rayonnement, influe aussi sur la consommation de froid, puisqu'il s'agit de protéger les marchandises emmagasinées contre toute élévation de température. Une troisième source d'échauffement est due à la température élevée de l'air extérieur employé à la ventilation, ou qui pénètre dans les chambres frigorifiques par les interstices des parois, des fenêtres et des portes, mais surtout par ces dernières, pendant le transport des marchandises. Comme on néglige souvent de les refermer après chaque transport, il importe d'établir à ce sujet un règlement très sévère. La mesure la plus efficace est de pourvoir toutes les chambres d'un tambour dont les portes doivent toujours être fermées lorsque celles de la chambre frigorifique sont ouvertes. On garnit soigneusement tous les interstices des portes et des fenêtres (ces dernières ne s'ouvrent pas et sont doubles) ; les portes sont appliquées au cadre par l'intermédiaire d'une bande de feutre. Une quatrième source de chaleur est l'éclairage des locaux et la présence des ouvriers qui y sont occupés.

a) La quantité de chaleur qu'il s'agit d'enlever aux marchandises emmagasinées dans les chambres frigorifiques, dépend de leur poids, de leur chaleur spécifique moyenne et de la différence entre leur température initiale et celle des chambres. Si ces marchandises contiennent beaucoup d'eau (viande, par exemple), on admet que leur chaleur spécifique est égale à celle de l'eau ; l'évaporation considérable qui se produit à la surface de la viande (1) contribue beaucoup à son

(1) Ce phénomène est cause de la diminution de poids si redoutée des bouchers. Le directeur Golz, de l'abattoir de Halle, a trouvé qu'à + 4°, la perte de poids était, après huit jours :

pour 1/4 bœuf de 71,0 kilog. . . . 3,5 kilog.
— 1/2 porc de 44,5 — . . . 1,5 —

refroidissement rapide, mais il n'est pas possible d'en tenir compte ici, car la vapeur ainsi produite se condense de nouveau dans le frigorifère. Par contre, le refroidissement se répartit sur un espace de temps assez considérable, de sorte que l'on doit fournir à l'heure seulement une fraction de la somme de frigories nécessaires. Si le transport des marchandises n'a lieu qu'une fois par jour, on peut compter que la température de la chambre restera invariable si on répartit le refroidissement d'un chargement sur une durée de vingt-quatre heures. Ce chargement comprendra, par exemple, dans des salles frigorifiques dépendant d'abattoirs publics, la moitié ou les deux tiers de la contenance totale ; on donne à ces salles des dimensions telles que, pour une hauteur de 3,5 (1), la charge par mètre carré de superficie soit de 100 à 120 kilogrammes de viande.

Si on introduit, par exemple, 50 000 kilogrammes de viande à + 28° dans une salle dont la température doit être maintenue à + 4° C., le chargement devra perdre 50 000 calories à l'heure pour arriver en vingt-quatre heures à complet refroidissement.

En brasserie, le moût arrivant en cave à fermentation a déjà la température de cette dernière (6° C. en moyenne), de sorte qu'on n'a plus à le refroidir ; par contre, après traversage en cave de garde, il faut refroidir la bière à la température de ces dernières (1° à 2°).

b) La quantité de chaleur qui pénètre par conductibi-

---

pour 1 veau de	38 kilog. . . .	3,5 kilog.
— 1 mouton de	35,5 — . . .	1,5 —

tandis que sous l'action de l'air extérieur chaud et sec, la perte est encore plus considérable. Voir, pour plus de détails : Dr O. Schwarz « Bau, Einrichtung u. Betrieb von öffentlichen Schlachthöfen », Berlin, 1894, p. 87.

(1) Une trop grande hauteur est désavantageuse à cause de la déperdition de froid et de l'impossibilité de maintenir partout une température uniforme.

lité et rayonnement, dépend de la différence entre les températures intérieure et extérieure, et de la construction des murs. La siccité parfaite des parois et du sol est des plus importantes, car lorsque les eaux souterraines pénètrent dans les fondations, ou que les parois sont humides de part en part, on constate immédiatement une déperdition considérable de chaleur ; il règne, en outre, dans les locaux un air malsain! Si les chambres frigorifiques sont situées en tout ou en partie audessous du niveau de la nappe d'eau souterraine, il est nécessaire de les pourvoir d'un revêtement extérieur imperméable, en asphalte. On fera bien d'établir le sol de la cave de la manière suivante : on coule une couche protectrice de béton de 0,1 à 0,2 mètre sur laquelle on étend une couche isolante de cendres de bois ou de coke de 0,4 à 0,5 mètre d'épaisseur qui supporte enfin le sol proprement dit de la cave (couche d'asphalte ou de béton, parfois aussi, ce qui est moins bon, briques de scories). Les couloirs doivent être pourvus de rigoles suffisamment en pente.

Les parois possèdent une ou deux couches isolantes de 0,12 à 0,14 mètre d'épaisseur; dans le second cas, la cloison médiane est souvent construite en briques creuses. Il est indispensable de remplir les espaces isolants, parce qu'il s'y produit sans cela des déplacements d'air nuisibles à l'isolation. Les principaux matériaux isolants employés sont les cendres, les déchets de liège, la terre d'infusoires, la craie pulvérisée, le charbon de bois (assez coûteux), la pierre ponce et la tourbe ; la sciure de bois est moins efficace et il faut toujours la mélanger à la terre d'infusoires ou la tourbe.

La laine de scories doit être absolument prohibée, car elle subit inévitablement une décomposition partielle qui provoque un dégagement d'hydrogène sulfuré.

Si le plafond est formé de plusieurs voûtes parallèles, supportées par des poutres métalliques, on peut procéder à l'isolation comme pour les parois, en faisant les voûtes doubles, avec couche isolante intermédiaire. On se contente, en général, d'une disposition plus économique, qui consiste à recouvrir la voûte simple d'une couche de cendres ou de tourbe de 0,3 à 0,5 mètre d'épaisseur.

Les fenêtres et lucarnes (1), toujours doubles, ainsi que les portes, ne doivent jamais être du côté exposé au soleil (sud et ouest). Les portes doivent être à double paroi avec couche isolante, et fermer hermétiquement. Une précaution excellente est d'en assurer la fermeture automatique au moyen d'appareils spéciaux.

La perméabilité à la chaleur ne peut être déterminée qu'à l'aide de coefficients expérimentaux, consignés dans le tableau ci-dessous; il donne la perméabilité calorifique par mètre carré et par heure pour une épaisseur du mur de 1 mètre.

TABLEAU XIV

Matériaux	Conductibilité en calories	Poids du m³ en kilog.
Cendres de bois	0,060	—
Pierre ponce	0,066	370
Déchets de liège	0,080	300
Craie pulvérisée	0,090	1 600
Laine de scories	0,101	—
Charbon de bois	0,118	160 à 190
Terre d'infusoires	0,136	250 à 350
Liège	0,140	500 à 600
Coke pulvérisé	0,160	350 à 550
Plâtre	0,400	—
Mur en briques	0,700	1 470 à 1 700
Mur en moellons	1,300	2 400 à 2 400

(1) D'après Zsigmondy (*Wiedemanns Annalen der Physik u. Chemie Neue*

On peut, grâce à ces valeurs, déterminer le nombre de calories transmises à l'heure par mètre carré et pour une différence de 1° entre les deux côtés de la paroi ; on obtient :

a) Pour une voûte d'une demi brique d'épaisseur, avec revêtement isolant de 0,5 mètre . . . . 0,2 à 0,3 cal.

b) Pour un mur de 3 briques d'épaisseur avec double couche isolante de 0,1 mètre. . . . . 0,4 à 0,6 cal.

c) Pour dallage en pierre avec couche de cendre de coke de . . . . 0,5 à 0,7 cal.

La perméabilité des portes à double paroi avec couche isolante, est de 1,5 à 2 calories, celle des fenêtres simples, 5 calories, celle de fenêtres doubles, 2,6 à 3 calories.

Il suffit, pour un calcul d'ensemble approximatif, de compter 0,8 à 1 calorie par mètre carré de surface intérieure, y compris le sol et la voûte de la salle frigorifique.

Supposons une salle de 30 mètres de long, 16 mètres de large et 3,5 mètres de haut, construite comme nous venons de l'indiquer ; elle est éclairée par 14 mètres carrés de fenêtres et possède une porte à double paroi de 8 mètres carrés ; si la température extérieure est de 24°, celle du sol, 12°, et celle de la salle, 4°, le nombre de calories pénétrant par heure dans cette dernière sera :

Pour 480 m² de sol.	480 × 8 × 0,7 =	2 688 cal.
— 480 m² de plafond	480 × 20 × 3,3 =	2 880 —
— 300 m² de murs	300 × 20 × 0,6 =	3 600 —
— 14 m² de fenêtres. . . .	14 × 20 × 3 =	840 —
— 8 m² de porte.	3 × 20 × 2 =	320 —
Total.		10 328 cal.

Folge, XLIX, p. 531), les vitres vertes contenant 2 % de protoxyde de fer, sont très suffisamment translucides, mais ne laissent, pour ainsi dire, pas pénétrer de chaleur.

Pour tenir compte des imperfections de l'isolation ainsi que d'une élévation de température accidentelle, il faut augmenter le résultat de 5 %, ce qui porte le total à 15 000 ou 16 000 calories.

c) L'échauffement provoqué par la ventilation dépend de la différence entre les températures intérieure et extérieure, de la fréquence de la ventilation et enfin du degré d'humidité de l'air dans la salle frigorifique et à l'extérieur. Dans les locaux où l'on conserve des marchandises se gâtant rapidement (viande, poissons, légumes), il est indispensable de renouveler entièrement l'air six à douze fois par jour, mais comme cette ventilation occasionne une perte considérable de chaleur, on ne manque pas de la réduire le plus possible et même de la supprimer. La conséquence en est qu'il se répand dans la salle une odeur nauséabonde, qui empêche les ouvriers d'y séjourner et communique aux aliments un goût de vieux ou de moisi, qui les déprécie plus ou moins. Lorsqu'on emploie une circulation d'air artificielle, il est toujours facile de déplacer n'importe quel volume d'air, puisqu'on peut, à l'aide des ventilateurs, produire dans la salle une pression légèrement supérieure à la pression atmosphérique. L'introduction d'air frais nécessite, il est vrai, dans ces conditions, l'installation d'un second ventilateur, mais cela permet, d'autre part, d'amener directement cet air au frigorifère, tandis que l'air vicié est expulsé par une ouverture du canal d'aspiration. Il faut, en tout cas, éviter de disposer les bouches à air d'une manière arbitraire, car cela empêche de contrôler le renouvellement de l'air qui est, du reste, fortement influencé par les sautes de vent.

On devrait toujours appliquer le principe d'une ventilation continue, pour maintenir dans les chambres frigorifiques un état de choses invariable ; cela n'exclut pas un réglage du courant d'air au moyen de registres.

Nous prendrons, pour calculer l'échauffement provoqué par la ventilation, le même exemple que précédemment : une salle de 480 × 3,5 = 1 610 mètres cubes permettant d'emmagasiner 50 000 kilogrammes de viande. Nous supposerons que l'air vicié, aspiré à une température de + 4°, est saturé d'humidité, qu'il contient donc 6,36 grammes de vapeur par mètre cube, tandis que l'air frais a une température de 24° et ne contient que 80 % d'humidité, c'est-à-dire 0,8 × 21,57 = 17,27 grammes de vapeur. Il faut tout d'abord absorber la différence de 17,27 — 6,36 = 10,91 grammes par mètre cube, ce qui représente, si on admet que la chaleur latente de vaporisation est, en moyenne, de 0,61 par gramme d'eau, une consommation de 10,91 = 0,61 = 6,655 frigories par mètre cube d'air. Si l'on renouvelle l'air douze fois par jour, ce qui représente un déplacement de 805 mètres cubes à l'heure, le dessèchement de cette quantité absorbera : 805 × 6,655 = 5357,3 frigories. Il faut, en outre; refroidir l'air frais de 24° à 4° ; le nombre de frigories nécessaires pour cela est de 805 × 20 × 0,31 = 4 991 frigories à l'heure, si l'on admet une chaleur spécifique moyenne de l'air de 0,31 par mètre cube. La ventilation, dans son ensemble, absorbe donc 10 350 calories à l'heure, c'est-à-dire, dans ce cas, exactement autant que l'échauffement par conductibilité et rayonnement.

On est parvenu récemment à diminuer cette nouvelle consommation de froid, en faisant passer l'air frais et l'air vicié froid à contre-courant dans un appareil qui permet de tirer parti de la basse température de l'air vicié pour refroidir l'air aspiré du dehors, et le dessécher partiellement. Si l'on admet pour cet appareil un rendement de 0,7, on gagne de cette manière 3 500 frigories et la consommation totale de froid se réduit à 6 850 frigories à l'heure.

d) L'échauffement produit par l'ouverture des portes peut être fortement réduit, lorsque l'on munit chacune d'elles d'un tambour qui empêche toute communication directe avec l'air extérieur. Il n'est pas possible de le déterminer par un calcul exact, et on en tient compte en augmentant de 5 à 8 % le total de la consommation de froid.

e) L'éclairage artificiel de certains locaux, en particulier des caves de brasserie, et les ouvriers qui y sont occupés, produisent une certaine quantité de chaleur, qu'il s'agit également d'absorber. On compte par heure :

Pour 1 ouvrier.	130 frig.
Pour 1 brûleur Argand, consommant 120 litres de gaz .	900 —
Pour 1 lampe incandescence	30 à 40 —
Pour 1 bougie stéarique	110 —

L'éclairage électrique est donc le plus avantageux, d'autant plus qu'on peut allumer ou éteindre les lampes à volonté, du dehors.

On obtient enfin, en récapitulant les différents facteurs qui précèdent

a) Refroidissement de la viande	50 000 frig.
b) Absorption de la chaleur par les murs	15 000 —
c) Ventilation	6 850 —
d) Déperdition pour l'ouverture des portes.	5 000 —
Un total de.	77 850 frig.

Si l'on admet que le ventilateur aspire hors de la salle de l'air saturé d'humidité, à une température de

+ 4° (6,36 grammes de vapeur par mètre cube), et refoule de l'air à — 4° avec un degré hygrométrique de 70 % seulement (3,7 × 0,7 = 2,59 grammes de vapeur par mètre cube), le refroidissement de 8° représente une consommation de 8 × 0,31 = 2,48 frigories et le dessèchement (6,36 — 2,59) 0,61 = 2,30 frigories, soit en tout 4,78 frigories par mètre cube d'air. La masse d'air qui traversera en une heure le frigorifère, sera de 77 850 : 4,78 = 16 290 mètres cubes en chiffre rond; c'est-à-dire que le volume d'air contenu dans la salle (1 610 mètres cubes), circulera plus de dix fois pendant une heure.

CHAPITRE VI

FABRICATION DE LA GLACE

23. Lois de la congélation. — La production de la glace artificielle, employée précédemment pour la réfrigération, à la place de la glace naturelle, et utilisée encore de nos jours dans l'économie domestique, a été le point de départ de toute l'industrie frigorifique. Lorsque cette dernière fut sortie de la période d'essais, et permit de produire une réfrigération meilleure et plus rapide, elle relégua à l'arrière-plan la fabrication de la glace ; celle-ci a repris quelqu'importance depuis qu'on livre à la consommation de la glace stérile, et depuis que certaines applications à l'industrie et au sport (congélation pour le fonçage des puits et pistes de glace), lui ont ouvert de nouveaux débouchés. Pour la fabrication de la glace destinée à la réfrigération ou à la consommation, le point essentiel est qu'on puisse retirer sans difficulté les blocs du bac à glace où ils sont produits; dans tous les autres cas, où la glace est utilisée sur place, cette condition disparaît, et il suffit, une fois la quantité de glace nécessaire produite, de remplacer à mesure ce qui disparaît. La pureté de la glace ne joue aucun rôle dans ce dernier cas, tandis qu'elle est de toute importance pour la consommation; on ne peut l'obtenir qu'au moyen d'appareils spéciaux.

Le rendement d'une installation de ce genre dépend, d'une part, de la température de l'eau que l'on doit congeler, d'autre part, de la température à laquelle il faut refroidir la glace, et enfin de certaines pertes. Comme la congélation a toujours lieu à la pression atmosphérique, c'est-à-dire à 0° (1), on consomme toujours à cet effet 80 frigories par kilogramme d'eau. Si l'eau a donc une température initiale de + 10° et s'il faut refroidir la glace à 5° (la chaleur spécifique de cette dernière est 0,5), le nombre de frigories nécessaires à cet effet sera de 10 + 80 + 6 × 0,5 = 93 frigories par kilogramme. Lorsque les températures extrêmes sont plus éloignées, le chiffre monte à 100 frigories.

Le % des déperditions de froid dans la fabrication de la glace en blocs augmente avec la surface du liquide à congeler, qui est exposée au rayonnement de la chaleur extérieure, et avec le temps qu'exige le refroidissement et la congélation. Cette durée sera d'autant plus courte que la surface du bloc de glace exposée à l'action réfrigérante sera plus grande, par rapport au volume

(1) Les machines frigorifiques à vapeur d'eau, dont on a parlé en tête du premier chapitre, font seules exception. On introduit dans ces dernières de l'eau aussi fraîche que possible, de telle sorte qu'un huitième seulement se vaporise dans le vide, tandis que les sept autre huitièmes se condensent en une mince couche de glace sur les parois d'un moule. Ce procédé semble devoir donner un rendement supérieur aux autres, puisqu'il supprime tout corps intermédiaire et que, d'après le tableau n° IV, un cheval indiqué par cette machine fournit 5 028 frigories, ce qui représente une production de 50 kilogrammes de glace à — 10°. Toutefois, le travail de la pompe pneumatique et de différents autres appareils dont on n'a pas tenu compte ici, modifie sensiblement ces résultats trop beaux. Comme la glace qu'on obtient par ce procédé est cependant très compacte et très limpide, il serait désirable que cette méthode fut perfectionnée.

de ce dernier. On devrait donc chercher à augmenter le plus possible ce rapport, c'est-à-dire former des blocs minces et plats, qui se congèlent rapidement sous l'action d'une réfrigération extérieure. On ne peut cependant pas pousser les choses à l'extrême, car les pertes par fusion qui se produisent lorsqu'on retire les blocs des moules, et pendant le transport, deviendraient trop importantes; elles sont de 6 à 8 % pour un mouleau de 25 kilogrammes et de 9 à 12 % déjà pour un mouleau de 12,5 kilogrammes. On a trouvé dans la pratique, que le rapport le plus avantageux entre la surface exposée au refroidissement, exprimée en mètres carrés, et le volume des blocs, exprimé en mètres cubes, variait de 29 à 35 (1); le temps nécessaire à la congélation d'un bloc, augmente, toutes conditions égales d'ailleurs, à peu près proportionnellement au volume de ce dernier. Les blocs de 25 kilogrammes, par exemple, dont la surface est de 0,08 mètre carré sont congelés en trente heures environ, ceux de 12,5 kilogrammes avec 0,04 mètre carré de surface, en douze à quinze heures; en admettant une consommation de 100 frigories par kilogramme, cela représente une transmission de 100 frigories par mètre carré et par heure. C'est le cas lorsque les moules sont immergés dans une solution salée.

Grâce à la circulation assez rapide qui se produit à l'intérieur des moules, l'eau est rapidement refroidie à 0°; à ce moment le liquide est en repos, et la congélation se produit de la surface vers le centre avec une lenteur croissante; la température des couches extérieures s'abaisse constamment, tandis que le cœur du mouleau reste à 0° jusqu'à entière congélation. C'est

(1) Prof. H. Fischer. — « Civil ingenieur », 1892.

ce qui explique la durée de congélation assez considérable des blocs de grandes dimensions. Cette dernière est encore beaucoup plus grande pour la production de glace en grands blocs plats de 0,2 à 0,35 mètre d'épaisseur qu'on obtient en plongeant dans un bain d'eau douce de grandes surfaces réfrigérantes, sur lesquelles la glace se forme lentement. Le rapport de la surface d'échange au volume des blocs produits, n'est jamais supérieur à 2,9 à 3,3 ; comme ce rapport est dix fois plus petit que celui réalisé pour les mouleaux de même épaisseur (25 kilogrammes), il faut s'attendre à ce que la durée de congélation soit également dix fois plus grande, c'est-à-dire de dix à douze jours. Par conséquent, les bacs à glace doivent avoir, pour une production journalière égale à la production en mouleaux, des dimensions très considérables, qui augmentent beaucoup le prix de premier établissement.

Nous avons déjà remarqué que la congélation est produite par une solution salée, qui dépense dans le réfrigérant de la machine frigorifique la chaleur absorbée dans le bac à glace. Le travail consommé par la machine augmente à mesure qu'on abaisse la température au réfrigérant, pour produire un refroidissement convenable de la glace. S'il s'agit, par exemple, de fabriquer de la glace ayant une température de — 5°, la température dans les serpentins du réfrigérant devra être portée à — 10° environ, tandis qu'il suffirait d'une température de — 2° à — 3° pour refroidir l'eau de + 10° à 0°. Il est donc préférable, pour de grandes installations, tout au moins, de séparer entièrement le refroidissement de l'eau de la congélation, et de l'opérer au moyen d'une petite machine spéciale, avant de remplir les moules. En brasserie, on peut arriver au même résultat en remplissant ces moules avec l'eau du réfrigérant d'eau douce, si cette dernière est refroidie par une machine spéciale. Il n'est pas possible d'effectuer dans deux appareils différents la congélation et le refroidissement de la glace, car la faible quantité de travail qu'on économiserait ainsi au moteur est largement compensée par les pertes résultant du transport des moules et de leur sortie réitérée du bain.

Pour la fabrication de glace en mouleaux (avec bain salé), la température du réfrigérant doit être de — 10° à — 15°; pour la glace en grands blocs, on pousse, parfois, la température jusqu'à — 20°, pour accélérer la congélation, au détriment de l'économie de travail.

Il se produit, dans la fabrication des mouleaux, une certaine perte de froid, due au refroidissement des cadres et des moules de leur température initiale jusqu'à la température finale de la glace. Les moules, ouverts à leur partie supérieure sont en tôle étamée et ont une longueur de 0,6 à 1,1 mètre et une section rectangulaire ; leur poids est de 10 kilogrammes environ pour des mouleaux de 12,5 kilogrammes et de 17 kilogrammes pour ceux de 25 kilogrammes, tandis que le poids du cadre rapporté au moule, est de 1,5 kilogrammes dans le premier cas et de 1 kilogramme dans le second. La chaleur spécifique des moules et des cadres est de 0,12 en moyenne. Ces déperditions disparaissent dans la fabrication de la glace en blocs plats, de grandes dimensions, qu'on détache à la scie de la surface réfrigérante.

Le tableau suivant donne la quantité de froid nécessaire à la fabrication, par les deux procédés, de 1000 kilogrammes de glace à — 6°, par heure, en utilisant de l'eau à 15°.

TABLEAU XV

Forme des blocs de glaces	Mouleaux		Blocs plats
Poids des blocs. . . . . kg.	12,5	25	2 000 à 2 500
Poids des moules et cadres pour 1 000 kg. de glace, environ . . . . kg	920	720	—
Froid nécessaire au refroidissement et à la congélation de l'eau . . . . frig	98 000	98 000	98 000
Froid nécessaire pour compenser les pertes par fusion . . . . frig.	11 760	7 840	2 000
Refroidissement des moules et des cadres . . . . . frig.	2 650	2 070	—
Déperdition par rayonnement (1) 5, 7 5 et 15 $^0/_0$ . . . . frig.	4 900	7 350	14 700
Froid total nécessaire à la production de 1 000 kilogr. de glace . . . . frig	117 910	115 260	114 700

La forme sous laquelle la glace est produite, n'influe donc que fort peu sur la quantité de froid consommé, de sorte qu'on peut admettre pour de grandes installations une consommation de 120 frigories en chiffre rond par kilogramme de glace, et pour des installations plus petites, 130 frigories, à caute des déperditions relativement plus considérables.

En admettant une production moyenne de 4000 frigories par cheval indiqué au compresseur, et 2500 frigories y compris le travail des pompes et des agitateurs, par cheval effectivement consommé, on aura une production de 31 à 33 kilogrammes de glace par cheval

(1) On ne possède à ce sujet pour ainsi dire aucune donnée ; cette quantité est du reste soumise pour une même installation à des variations considérables (Gutermuth et Salomon, *Versuche an einer Pictetschen Eismaschinenanlage Z. d. Ver d. Ing.*, 1889). La valeur de 15 $^0/_0$ indiquée pour la glace en blocs plats, n'est qu'une simple estimation et il n'est pas douteux qu'en raison des dimensions considérables des appareils, elle soit souvent dépassée.

indiqué au compresseur ou de 19 à 21 kilogrammes par cheval effectif.

On détermine le travail nécessaire à l'extraction de la glace en tenant compte que les moules doivent être soulevés à 1,5 mètre environ, une première fois hors du bac à glace, et ensuite hors du bac à eau chaude où on les fait dégeler. Si l'on compte 900 kilogrammes de moules et cadres pour 1000 kilogrammes de glace, le travail consommé par l'extraction sera de 2 × 1,5 × 1900 = 5700 kilogrammètres, valeur qui est certainement doublée, = 11400 kilogrammètres, par l'emploi des mouffles. Il faut y ajouter encore le travail nécessaire au déplacement des cadres, de la grue roulante et du couvercle du générateur ainsi qu'à l'actionnement des appareils de remplissage et de renversement des moules pour l'extraction de la glace ; on peut estimer ces différents travaux accessoires à 1000 kilogrammètres, ce qui porte le travail manuel à fournir à l'heure à 12400 kilogrammètres, travail moyen d'un ouvrier vigoureux, qui aurait donc suffisamment à faire à desservir une installation de 1000 kilogrammes à l'heure.

24. — Les bacs à glace. — Ils sont presque toujours combinés avec le réfrigérant de la machine frigorifique et cela même dans le cas où comme en brasserie, l'on n'applique à la fabrication de la glace qu'une partie du froid produit. Le bac à glace sert en même temps de réfrigérant d'eau salée, et on emploie cette dernière, précisément lorsqu'elle est à sa plus basse température, à la fabrication de la glace. Lorsque la production de glace est importante, ce procédé n'est pas économique, car on est obligé d'abaisser à — 8° la température du réfrigérant, tandis qu'une température de — 5 à — 6° serait sans cela suffisante ; on augmente sensiblement le travail de la machine.

Les figures 118 et 119 représentent une installation très simple, d'après Linde, pour la fabrication des

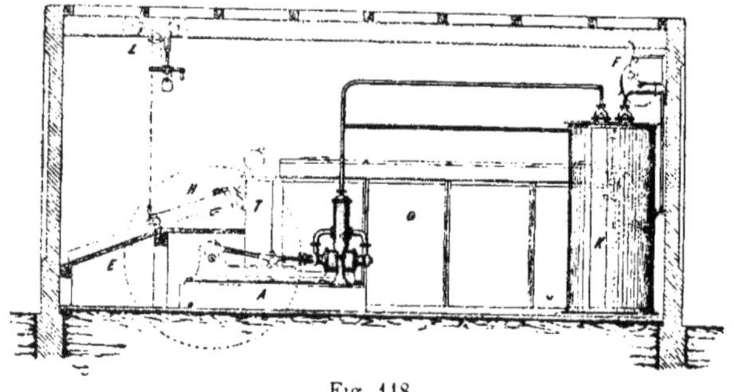

Fig. 118

mouleaux. On y voit en A le compresseur, en B le moteur, en DD la conduite de refoulement aboutissant au

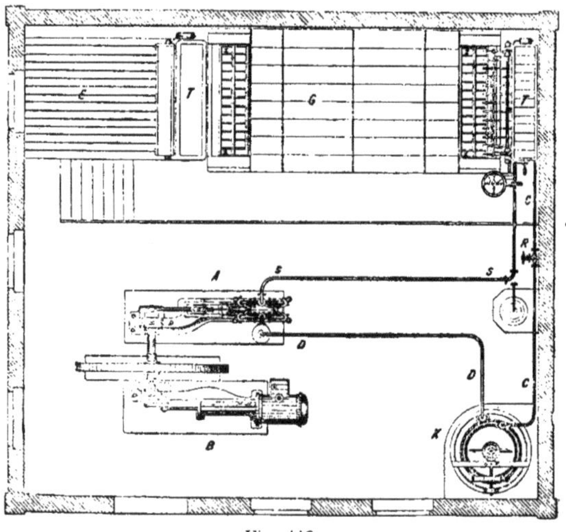

Fig. 119

condenseur K, en R le détendeur, intercalé dans la

conduite CC, qui aboutit aux serpentins du réfrigérant, placés dans le bac à glace G. Ce dernier est entouré d'une épaisse enveloppe isolante, et recouvert d'un plancher volant qui est enlevé en partie dans la figure 119 et met à nu les moules et leurs cadres ; ces cadres sont pourvus à chaque extrémité, d'un crochet par lequel on les suspend à la grue roulante L. Lorsqu'une série de moules est entièrement congelée, on découvre cette partie du bac, on enlève les moules et leur cadre et on les plonge pendant quelques minutes dans le bac d'eau chaude F, placé à la tète du bac à glace. Les mouleaux se détachent alors facilement de leurs moules, et lorsque ces derniers sont inclinés comme on le voit dans la figure 119, les mouleaux glissent sur le plan incliné E, jusqu'à leur lieu de destination (glacière, etc.).

Les moules vides, sont alors transportés par la grue à l'extrémité opposée du bac à glace où on les remplit à nouveau.

Le bac à glace (*fig.* 120 à 122) est divisé en deux par-

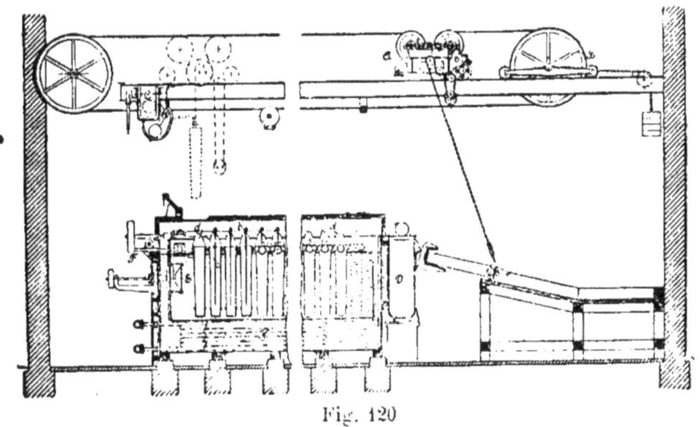

Fig. 120

ties par une cloison en tôle. Les serpentins du réfrigérant sont placés dans la partie inférieure; l'eau salée est chassée dans la partie supérieure qui constitue le générateur à glace proprement dit, par une petite turbine, placée à l'une des extrémités du bac; après s'être réchauffée au contact des moules, elle revient par l'autre extrémité à la chambre inférieure. C'est pour cette raison que le bac à glace a une hauteur si considérable; il s'y produit du reste une forte déperdition de froid par le

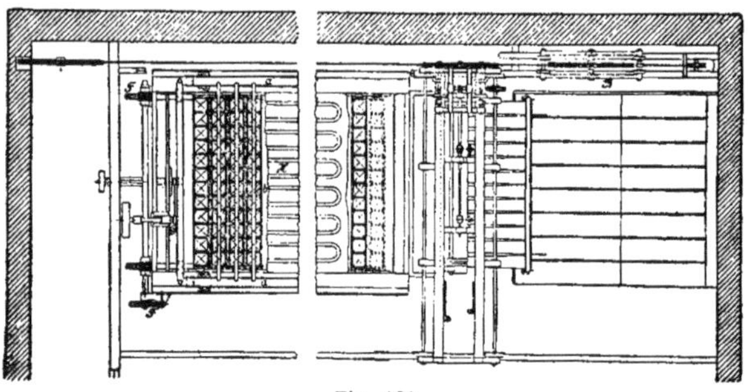

Fig. 121

fond du générateur, qui est précisément la partie la plus froide de tout l'appareil. Cette disposition présente en outre l'inconvénient que les moules les plus éloignés de la turbine, baignés par l'eau salée déjà fortement réchauffée, ne gèlent que très lentement. Dans l'appareil représenté (*fig.* 120 à 122), on a corrigé ce défaut de la manière suivante : les mouleaux prêts à être sortis du bac sont les plus rapprochés de la turbine, tandis que les moules fraîchement remplis sont mis dans le bain à l'extrémité opposée. Chaque

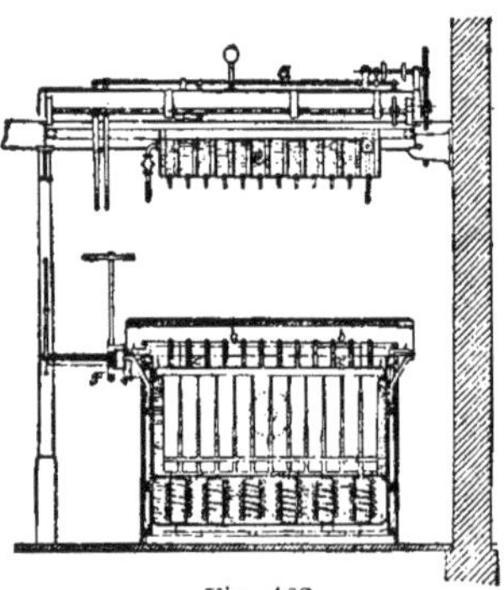

Fig. 122

fois que l'on retire la première série de moules, pour les vider, on fait avancer toutes les autres d'un rang, au moyen d'une crémaillère; les cadres sont, à cette fin, pourvus de galets; on réalise ainsi une sorte de contre-courant entre le liquide salé et les moules, qui parcourent peu à peu toute la longueur du bac.

Pour supprimer enfin toutes les déperditions de froid par le fond du bac, on peut, comme cela se pratique en Amérique, placer les serpentins du réfrigérant entre les moules même (*fig.* 123); ces derniers doivent naturellement être plus espacés, ce qui augmente un peu la largeur du bac.

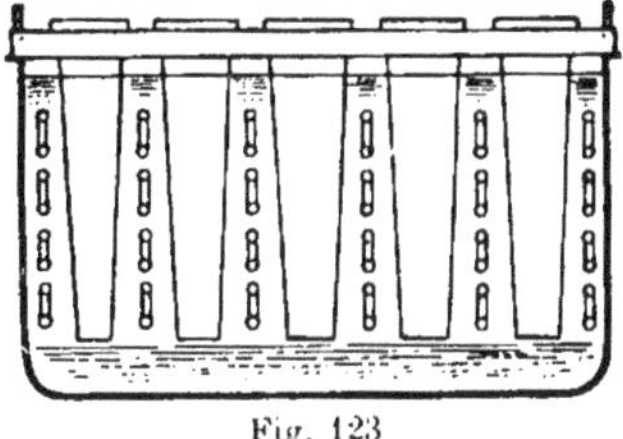
Fig. 123

Pour la fabrication de glace en blocs de grandes dimensions, fort peu répandue en Europe, on place dans le bac des éléments réfrigérants de même dimension que les blocs que l'on veut produire (*fig.* 124). Ce sont des caissons plats, à l'intérieur desquels se trouvent des serpentins du

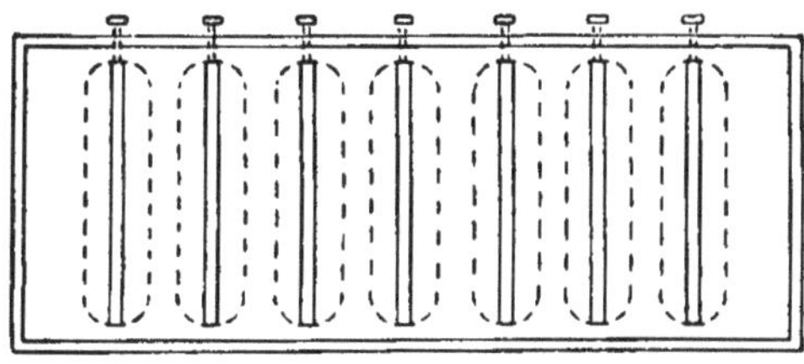
Fig. 124

réfrigérant; ces derniers, sont parfois immergés dans une solution salée ou bien on utilise directement la détente du fluide intermédiaire; pour retirer les blocs de glace, on les scie à la main ou à la machine; il arrive aussi qu'on les décolle par fusion de leur face adhérente, fusion qu'on provoque en faisant communiquer les caissons avec le condenseur de la machine frigorifique (1).

La glace qu'on obtient par ces procédés est impure et les fines bulles d'air qu'elle renferme la rendent opaque ; son poids spécifique moyen est 0,85. Cette glace ne peut pas être livrée à la consommation à cause de ses impuretés et en particulier à cause des microbes qu'elle contient, et qui résistent parfaitement à un froid de plusieurs degrés au-dessous de 0°. Elle est en outre très sensible aux influences atmosphériques, ce qui en rend le transport très difficile. La *glace transparente*, sans bulles d'air, présente ces défauts à un degré beaucoup moindre, aussi la consommation en devient-elle de plus en plus considérable. Elle est plus compacte que la glace opaque, sa densité est de 0,92 environ.

Les procédés de fabrication de la glace transparente sont différents selon qu'on veut simplement la débarrasser des bulles d'air qu'elle renferme, ou qu'il s'agit de livrer à la consommation un produit absolument stérile. Dans le premier cas, il suffit de remplir les moules d'eau de source pure, à laquelle on peut ajouter 70 grammes d'alun par hectolitre, pour faciliter le dégagement des bulles d'air; pour empêcher que ces dernières ne restent prises dans la glace, on pourvoit chaque moule d'un agitateur. Il existe une infinité de systèmes de ces derniers, corps oscillants, chaînes, etc., souvent fort peu pratiques et sur lesquels il n'est pas

(1) GUTERMUTH. — *Amerikanische Eiswerke* dans *Zeitsch. d. Ver. d. Ing.*, 1894.

possible d'insister ici; dans le nombre un des plus simples est celui de Linde (*fig.* 120 à 122) ce sont des baguettes verticales, dont chacune plonge dans un moule et qui sont suspendues à un cadre, animé au moyen d'une manivelle d'un mouvement de va et vient. Comme l'extrémité du cadre opposée à celle où s'applique la manivelle est fixée sur des pivots verticaux, l'amplitude d'oscillation des baguettes diminue à mesure qu'on s'approche de cette extrémité. Si les différentes séries de moules avancent vers cette extrémité, avec la congélation croissante des mouleaux, l'amplitude d'oscillation des baguettes diminuera en même temps que le volume du noyau liquide. Lorsque ce dernier n'est plus que de 10 à 12 %, on retire les baguettes et on le laisse se congeler; il reste naturellement opaque, à moins qu'on n'aspire cette eau, et qu'on la remplace par de l'eau distillée.

L'emploi de l'eau distillée s'impose, lorsqu'il s'agit de produire de la glace stérile. Lorsque le compresseur est actionné par un moteur à vapeur, on utilise naturellement la vapeur d'échappement, en la liquéfiant dans un condenseur à surface, pour éviter toute absorption d'air.

Il faut en outre filtrer le liquide sur une couche de sable et de charbon, pour le débarrasser de l'huile de graissage et d'autres impuretés. On peut appliquer ce procédé lorsque le moteur ne sert pas exclusivement à la fabrication de la glace, car nous avons vu que la production de glace correspondant à un cheval indiqué, est de 20 kilogrammes à l'heure, tandis que la consommation de vapeur pour une égale production de force, dans le même temps, n'est que de 10 kilogrammes pour les bonnes machines à un cylindre et de 8 kilogrammes environ pour les compound. On est donc obligé, lorsque la fabrication de la glace absorbe tout ou la plus grande partie de la force motrice, de produire d'une autre manière le complément d'eau distillée. Il serait aussi peu économique que possible de condenser simplement la vapeur d'un générateur spécial, 1 kilogramme de charbon ne fournissant de cette manière que 6 à 8 kilogrammes d'eau distillée.

On peut tirer parti plus favorablement de la vapeur fournie par le générateur, comme l'indique la figure 125. La vapeur produite en K_1 est condensée en K_2, où elle provoque l'ébullition d'une nouvelle quantité d'eau fraîche, arrivant en C_2, et réchauffée déjà en A_2 par la vapeur condensée qui s'écoule en B_2 ; la

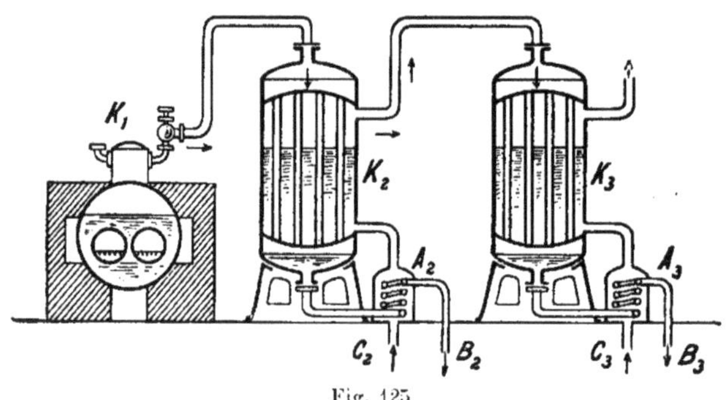

Fig. 125

vapeur produite en K_2 est utilisée exactement de la même manière dans l'appareil K_3 et ainsi de suite ; on peut ainsi, théoriquement du moins, produire une quantité quelconque d'eau distillée avec très peu de combustible (1). On a constaté, en pratique, que pour

(1) Des méthodes analogues sont fréquemment employées en distillerie, en sucrerie et dans l'industrie des produits chimiques.

vaincre les résistances à la circulation de la vapeur dans les conduits, il doit exister d'un appareil à l'autre, une différence de tension de 0,5 à 1,0 atmosphère ; en moyenne 0,75 atmosphère ; en admettant donc une tension initiale de 5 atmosphères, un rendement de 80 % dans chaque appareil et une production de 7 kilogrammes de vapeur, par kilogramme de charbon dans le premier générateur, on pourra escompter, par kilogramme de charbon et pour une série de six appareils, une production d'eau distillée de :

$$7 + 7 \times 0,8 + 7 \times 0,8^2 + 7 \times 0,8^3 + 7 \times 0,8^4 + 7 \times 0,8^5 = 25,68 \text{ kilogrammes.}$$

Il ne faut pas oublier que chacun des appareils doit pour cela avoir une surface de chauffe à peu près égale à celle du générateur et que l'eau qui s'écoule en B_2 B_3, etc., doit, en tout cas, être encore soumise à l'action d'une pompe pneumatique. Une telle installation est donc très coûteuse et on se bornera, comme le fait la société pour l'exploitation des brevets Linde (1), à intercaler un seul de ces appareils entre le générateur et le moteur ou entre ce dernier et le condenseur. On obtient ainsi en eau distillée provenant tant de l'appareil que du condenseur, 1,8 fois le poids de vapeur qui traverse le cylindre.

25. Procédés de congélation du sol pour le fonçage des puits et établissement des pistes de glace. — La glace produite dans ces deux cas est utilisée sur place, de sorte qu'on n'a pas à la détacher des

(1) Diesel. — « Lindesche Kältemaschinen u. Kühlvorrichtungen » *Zeitschr. d. Ver. d. Ingen*, 1893. On a également emprunté à ce travail les figures 120 à 122.

surfaces réfrigérantes. Cela simplifie jusqu'à un certain point les procédés de congélation, mais, pour le fonçage des puits en particulier, la construction d'une telle installation présente de grandes difficultés.

On emploie ce procédé, appliqué pour la première fois par Poetsch en 1886, lorsqu'il s'agit de foncer un puits à travers des couches de terres mouvantes et détrempées. On provoque au travers de ces dernières la formation d'un bloc de glace, compact et assez épais pour résister à la pression des terrains environnants et arrêter toute infiltration d'eau, jusqu'à ce que le fonçage soit terminé et qu'on ait pu pousser au travers de toute la région dangereuse le revêtement en maçonnerie du puits ou un cuvelage en tôle de fer. La tuyauterie dont on se sert est composée d'un grand nombre de tubes doubles à axe commun, que l'on enfonce verticalement dans le sol, à 1 mètre de distance les uns des autres, sur le pourtour d'un cercle, dont le diamètre est de 1,5 mètre plus grand que celui du puits. On y fait alors circuler une solution salée, refroidie dans le réfrigérant d'une machine frigorifique. Il est rare qu'on utilise dans ces tubes la détente directe du fluide intermédiaire, comme l'avait proposé Gobert. On ne peut naturellement mettre ces tubes en place qu'après avoir foré entièrement les trous dans lesquels on les place. Ces tuyaux sont en acier de première qualité ; le diamètre du tuyau extérieur est en général de 110 à 130 millimètres, celui du tuyau intérieur, 30 millimètres ; les parois ont une épaisseur de 7 et 4 millimètres ; la surface extérieure est de 0,34 à 0,41 mètre carré par mètre courant. Les segments du tube extérieur sont assemblés au moyen de manchons intérieurs, tandis que c'est l'inverse pour le tube intérieur (*fig.* 126) ;

les joints sont garnis de tresses de chanvre goudronnées. Le tube intérieur est maintenu tous les 30 millimètres environ, par un manchon muni de renforcements, fixé au tube extérieur ; il est fixé de même à la partie inférieure, en bout arrondi, de ce dernier, c'est en ce point qu'il débouche. A la surface du sol, ces deux tubes sont munis de robinets R et R' et sont raccordés aux collecteurs C_a et C_s (voir aussi *fig.* 127 et 128) qui communiquent avec le réfrigérant par un tuyau de retour. L'eau glacée descend par le tube intérieur et remonte dans le tube extérieur, de sorte que le plus fort refroidissement a lieu dans les couches les plus profondes, où il importe que le bloc gelé ait une plus grande épaisseur pour résister à une pression très considérable et à l'influence de la chaleur terrestre. Ce sont là, du reste, des conditions variables selon la nature des couches que l'on traverse, mais dont on peut se rendre compte pendant le forage des trous pour la tuyauterie. La vitesse du courant

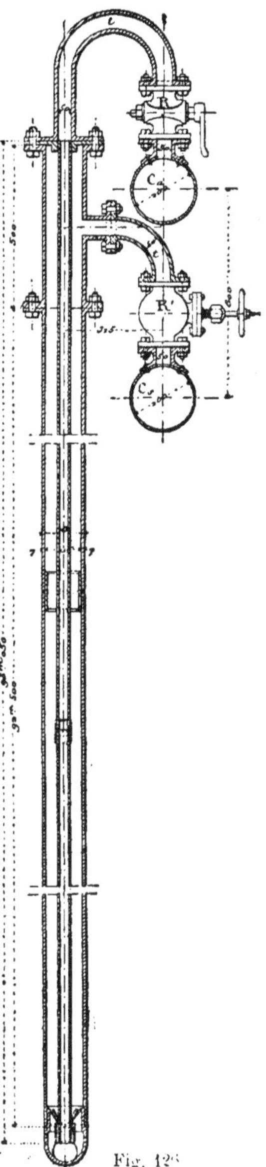

Fig. 128

d'eau salée dans le tube extérieur ne dépasse pas 0,13 mètre à la seconde, pour éviter un échauffement dû au

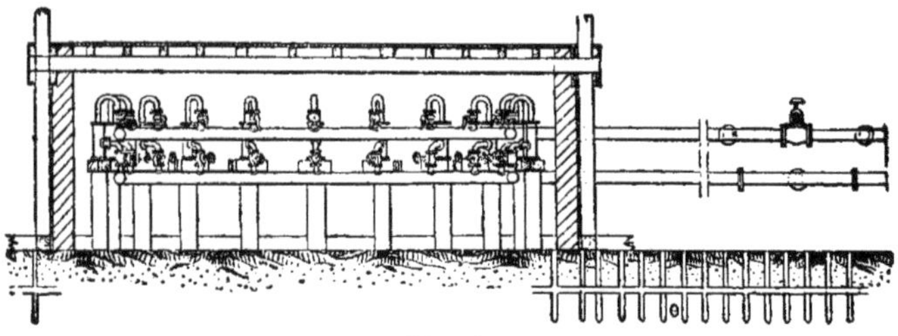

Fig. 127

frottement contre les parois, et pour utiliser complètement le froid qu'elle a emmagasiné. Comme il importe,

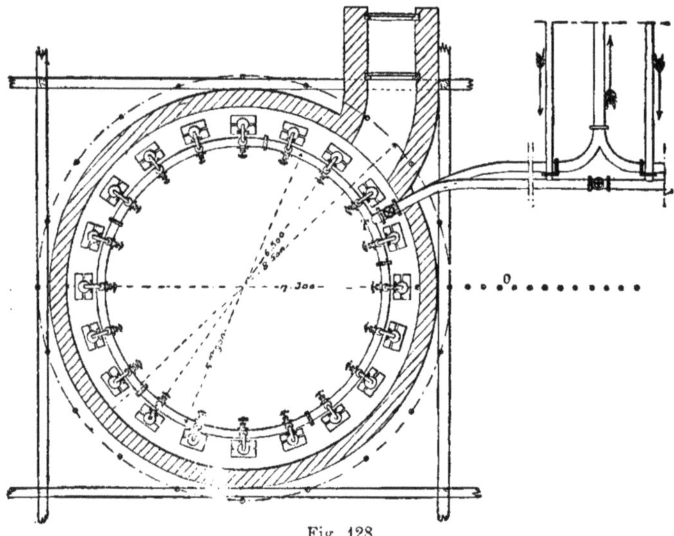

Fig. 128

d'autre part, que l'eau salée arrive le plus rapidement possible au point où elle doit être utilisée, elle passe le tube intérieur à une vitesse de 1,5 à 2,0 mètres à la seconde. Lorsque la température à l'intérieur du puits est de + 10° à + 12°, on refroidit l'eau salée à — 15° ou — 18° ; sa température à la sortie des tubes frigorifères est de — 13°,5 à — 16°,5.

La formation du bloc glacé a lieu de la manière suivante : la région avoisinant la tuyauterie est rapidement refroidie à 0° ; la glace commence alors à se former tout autour des tubes et s'étend peu à peu dans tous les sens, par anneaux concentriques, tandis que la température des couches plus éloignées s'abaisse simultanément de plus en plus ; les tuyaux transmettent 230 à 250 frigories par heure et mètre carré. On compte que la congélation se produit sur une épaisseur de 0,5 mètre tout autour de l'anneau formé par la tuyauterie, tandis que vers l'intérieur du puits cette épaisseur atteint 1 mètre ; la température s'abaisse graduellement de la tuyauterie à la périphérie du bloc où elle est 0°.

Le refroidissement du sol est sensible jusqu'à 2,5 mètres de part et d'autre de la partie congelée ; à mesure qu'on s'en éloigne, la température s'élève lentement de 0° jusqu'à la température du sol.

Une fois que le refroidissement a atteint ce point, l'installation frigorifique ne sert plus qu'à couvrir les pertes qui se produisent ; le nombre de frigories consommées pendant cette période, c'est-à-dire jusqu'à parachèvement de la maçonnerie ou du cuvelage, est cependant de 50 à 55 frigories par heure et mètre carré de surface interne et externe de l'anneau de glace. Ce n'est que lorsque ces travaux sont terminés, qu'on peut arrêter le fonctionnement de l'installation frigorifique et laisser les terrains se dégeler peu à peu.

On peut juger dans la figure 129 des résultats obtenus

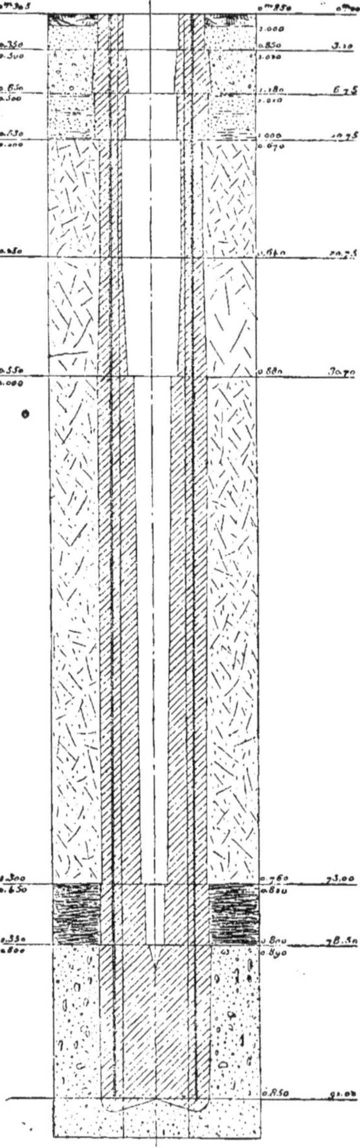

Fig. 129

par ce procédé pour le fonçage des puits d'Anzin (1); l'anneau congelé est représenté en hachures; son épaisseur est différente dans chaque formation; dans sa partie inférieure, où l'action réfrigérante fut la plus intense, il ne forme qu'un bloc compact de 12,5 mètres de diamètre. On voit également dans la figure la disposition de la tuyauterie.

(1) Saclier et Waymel. — « Fonçage des puits de Vicq, par le procédé Poetsch » ; *Bulletin de la Société minérale de Saint-Etienne*, 1895. Les puits ont été foncés à travers les étages suivants : humus et sable stratifié, 7 mètres ; grès argileux compact, 4 mètres ; terres crayeuses (eau de fond), 20 mètres ; roches crayeuses avec poches de marne (eau de fond), 60 mètres ; argile plastique, grès vert, 97 mètres ; filon carbonifère. La tuyauterie fut poussée à une profondeur de 91 mètres. La publication mentionnée ci-dessus donne les résultats d'une foule d'essais, auxquels on a emprunté la plupart des valeurs qui suivent.

Supposons qu'il s'agisse de foncer un puits de 50 mètres et de 4,5 mètres de diamètre ; les couches qu'on doit traverser contiennent 250 kilogrammes d'eau par mètre cube, sauf une couche de sable de 10 mètres d'épaisseur qui en contient 300 kilogrammes. Le poids spécifique des différentes formations est de 2, 3, celui du sable sec 1,4 ; leur chaleur spécifique à l'état sec 0,2 et la température du sol + 10°. On enfoncera dans le sol une vingtaine de tubes frigorifères, suivant une circonférence de 6 mètres de diamètre, et on produit ainsi la congélation d'un anneau de 4 mètres de diamètre intérieur et de 7 mètres de diamètre extérieur, dont le volume sera, pour une profondeur de 50 mètres, 1 300 mètres cubes environ. Ce bloc se composera, d'après les données ci-dessus, de 390 000 kilogrammes d'eau et 2 656 000 kilogrammes de roches, terres et sable ; il s'agit de refroidir ces deux masses à 0°, puis après congélation à une température moyenne de $\frac{1}{2}(0 - 16) = - 8°$, en supposant que la température s'élève progressivement de la tuyauterie (— 16°) à la périphérie (0°). L'espace à l'intérieur de l'anneau, refroidi à $\frac{1}{2}(0 + 10) = 5°$, contient 625 mètres cubes, soit en chiffre rond 188 000 kilogrammes d'eau et 1 325 000 kilogrammes de roches; l'anneau extérieur au bloc congelé et refroidi également à une température moyenne de 5° a un volume de 2 825 mètres cubes, soit 847 500 kilogrammes d'eau et 5 989 000 kilogrammes de roches et de sable.

Enfin, sous l'action du froid intense produit, les dernières couches, à l'intérieur de l'anneau de glace, sont également refroidies à 0°, puis congelées, sur une hauteur de 10 mètres ; cela représente une masse de

38 000 kilogrammes d'eau et 265 000 kilogrammes de roches.

La quantité totale de froid consommé sera :

a) Refroidissement de 10° à 0° de l'anneau à congeler :
390 000 × 10 + 2 656 000 × 10 × 0,2 = 9 212 000 frig.
b) Formation de glace à 0° :
390 000 × 80 = 31 200 000 frig.
c) Refroidissement de l'anneau de glace de 0 à — 8° :
390 000 × 8 × 0,5 + 2 656 000 × 8 × 0,2 = 5 809 009 frig.
d) Refroidissement du cylindre intérieur de + 10° à 5° :
188 000 × 5 + 1 325 000 × 5 × 0,2 = 2 265 000 frig.
e) Refroidissement de l'anneau extérieur de 10° à 5° :
847 500 × 5 + 5 989 000 × 5 × 0,2 = 10 226 500 frig.
f) Refroidissement à 0° et congélation de la partie intérieure du cylindre intérieur 38 000 × 5 + 265 000 × 5 × 0,2 + 38 000 × 80 = 3 495 000 frig.
Total des frig. à produire = 62 208 100 frig.

La tuyauterie ayant une surface de 0,85 mètre carré par mètre courant présente une surface totale d'échange de 20 × 50 × 0,35 = 350 mètres carrés, et ne peut fournir que 350 × 230 = 80 500 frigories à l'heure, de sorte que la durée totale de l'opération sera $\frac{62.208.100}{80,500} = 773$ h. en chiffre rond, ou un peu plus de trente-deux jours.

Comme ces installations ne sont que provisoires, la déperdition de froid par rayonnement y est très considérable, surtout si les conduites au-dessus du sol ont une certaine longueur, de sorte qu'il faudra nécessairement monter une installation frigorifique de 10 000 frigories à l'heure.

Pour établir une *piste de glace*, on fait geler complètement une couche d'eau de 10 à 12 centimètres ; le refroidissement a lieu, soit par le fond même du bassin, composé dans ce cas d'une série de caissons plats, jointoyés d'une manière parfaitement étanche et dans lesquels circule de l'eau salée froide, soit par des serpentins disposés en forme de grille et dans lesquels circule une solution glacée ou le fluide intermédiaire lui-même. L'infrastructure doit être en tous cas légèrement élastique et surtout parfaitement isolée, pour diminuer le plus possible les déperditions de froid à la surface inférieure. Si la piste doit supporter la charge d'une foule considérable, il faut l'établir sur voûtes et poutres métalliques.

La quantité de froid nécessaire à l'entretien de ces pistes, c'est-à-dire à l'absorption de la chaleur qui y pénètre de l'extérieur ne s'élève pas à plus de 150 frigories par mètre carré de superficie et par mètre carré de fond (1). Si la piste est très fréquentée, il faut tenir compte d'une certaine usure ; on rabote la surface et on remplace la glace disparue par une nouvelle couche d'eau, que l'on fait prendre. Cela représente pour une usure de 1 à 2 centimètres par jour, une consommation de 100 à 200 frigories par mètre carré, quantité de froid qu'on ne produit d'ailleurs que lorsque la piste est vide. D'après les données très incomplètes encore que l'on possède sur cette question, il suffit, pour faire face à tous les besoins, que la surface d'échange de la tuyauterie soit égale à une fois ou une fois et demie la superficie de la piste, et que la température de la solution glacée soit de — 10° à — 12°.

---

(1) Il faut ajouter à la quantité de chaleur absorbée par conductibilité et rayonnement, celle qui est produite par la condensation et la congélation de l'humidité de l'air. Cette condensation explique la formation de buée à la surface des pistes.

CHAPITRE VII

PRODUCTION ET UTILISATION DE FROIDS INTENSES

26. — *Procédé de Pictet, Olzewski et Dewar.* Il est nécessaire, pour la préparation à l'état pur d'un grand nombre de corps (narcotiques, en particulier) de les faire cristalliser à des températures de — 100° à — 200°. On ne peut obtenir ces dernières que par la détente de grandes quantités de gaz, tels que l'oxygène et l'azote, ou leur mélange, l'air atmosphérique, liquéfiés à une température plus élevée.

La liquéfaction de l'oxygène et de l'azote a été réalisée pour la première fois, en même temps, en 1877, par les deux physiciens Pictet et Cailletet par refroidissement et compression simultanées des gaz. Comme la température critique de ces gaz est très basse, il faut nécessairement les refroidir à une température plus basse encore, ce que Pictet réalisa par la détente successive de corps de plus en plus volatils, en particulier l'acide sulfureux et l'acide carbonique (1). L'acide

---

(1) Le tableau suivant donne la température et la pression critiques ainsi que la température d'ébullition de ces gaz liquéfiés et de quelques autres.

sulfureux avait déjà été introduit, par Pictet, dans l'industrie frigorifique. A cette époque l'utilisation de l'ammoniaque en était encore à la période d'essais et se heurtait à de nombreux préjugés, dont on n'a du reste pas tardé à revenir. Les points critiques de l'acide sulfureux et de l'ammoniaque diffèrent en effet si peu, que l'emploi de ce dernier, pour la production de froid intense, est tout aussi légitime que celui de l'acide sulfureux, d'autant plus que la température d'ébullition de ce dernier est, à la pression atmosphérique, sensiblement inférieure à celle de l'ammoniaque (voir le tableau de la note précédente).

La méthode de Pictet qui permettait seule, jusqu'il y a peu de temps, de liquéfier de grandes quantités de gaz difficilement coërcibles, utilise la détente d'une certaine quantité d'acide sulfureux (1) pour liquéfier et refroidir ensuite à — 100° de l'acide carbonique ou de l'oxyde d'azote; on provoque alors la vaporisation dans le vide du gaz ainsi condensé, autour

TABLEAU XVI

Nomenclature	Température critique	Pression critique	Ebullition
	°C	atm.	°C
Acide sulfureux	+ 156	78,9	— 9
Ammoniaque	+ 131	113	— 38
Acide carbonique	+ 31,35	72,9	— 78
Protoxyde d'azote	+ 36	74	— 80
Ethylène	+ 10	env. 55	— 103
Oxygène	— 118	50	— 182
Azote	— 146	33	— 194
Air atmosphérique	— 140	39	—
Hydrogène	— 234,5	20	— 243,5

(1) L'acide sulfureux est parfois mélangé d'un peu d'acide carbonique (liquide Pictet), dont le rôle est du reste insignifiant. Le procédé a été décrit en détail par le Dr ALTSCHUL dans « Mitteilungen aus d. Institut R. Pictet » *Zeitsch. f. die ges. Kälteind.* 1895.

d'un tube contenant le gaz à liquéfier, par exemple de l'oxygène, fourni par une réaction chimique; la température touche à — 140° (température critique de l'air). Grâce à une production continue d'oxygène, on peut comprimer ce dernier à volonté ; les vapeurs détendues d'acide carbonique ou d'oxyde d'azote, et celles d'acide sulfureux sont aspirées, puis comprimées à nouveau. Pictet parvint ainsi, sous l'action d'une pression considérable et d'une température inférieure à leur température critique, à liquéfier l'oxygène et différents autres gaz. Les dernières expériences de Pictet ont eu pour objet d'étudier l'effet d'un froid intense sur une foule de corps et d'organismes différents.

La méthode de Cailletet fut considérablement perfectionnée par Olszewski, aussi ne nous occuperons-nous que de cette dernière, qui diffère également fort peu du procédé de Dewar. Le froid intense nécessaire à la liquéfaction des gaz en question est produit par la détente d'éthylène (C^2H^4) dans le vide. Faraday avait déjà publié un tableau des tensions des vapeurs d'éthylène, mais jusqu'à la température de — 76°,1 seulement, à laquelle correspond encore une tension de 4,6 atmosphères. Cailletet et Colardeau (1), Olszewki (2) et Wroblewski (3) en fixèrent le point d'ébullition à la pression atmosphérique entre — 102°,4 et — 103°,55 ; Olszewski produisit la solidification à — 169° ; on pouvait donc espérer dépasser sans aucune difficulté les températures critiques de l'oxygène (— 118° à — 119°) et de l'azote (— 146°).

(1) *Comptes-Rendus*, 1888, vol. 106, p. 1489.
(2) *Wiedemann's Annalen*, 1889, vol. 37, p. 337.
(3) *Sitzungsbericht der Wiener Akademie*, 1888, vol. 97, p. 1378.

La figure 130 (1) représente les parties principales de l'appareil dans lequel a lieu la condensation de l'éthylène, puis, grâce à la détente de ce dernier, la liquéfaction de l'oxygène. Les vapeurs d'éthylène comprimées pénètrent dans un serpentin AA, placé dans un récipient B à forte paroi et bien isolé. On remplit ce dernier d'un mélange d'acide carbonique solide et d'éther, ce qui porte la température à — 77° à la pression atmosphérique (2); cela permet de condenser l'éthylène à l'intérieur du serpentin, à une pression de 4,8 à 5 atmosphères. On pourrait abaisser la température jusqu'à — 100°, ce qui diminuerait la tension du gaz en faisant évaporer dans le vide le mélange réfrigérant en BB. L'éthylène liquide pénètre en C, dans le

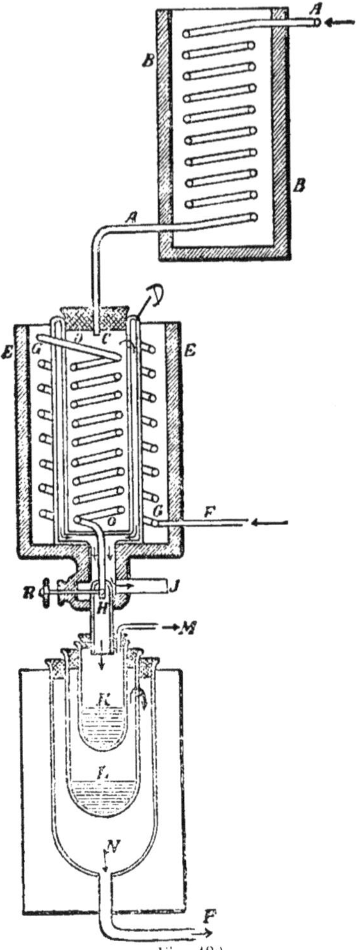

Fig. 130

(1) D'après le « Phil. Mag. » 1895, mars, p. 301.
(2) CAILLETET et COLARDEAU. — *Comptes rendus* 1888, vol. 106, p. 1631.

récipient à double paroi D, fermé par un bouchon en caoutchouc et dans lequel on produit, au moyen d'une pompe, dont la conduite d'aspiration aboutit en J, une dépression sensiblement inférieure à la tension en AA. L'éthylène se volatilise ainsi à très basse température avec absorption de chaleur. Cette chaleur est fournie par l'oxygène qui circule dans le tube OO; il arrive en F du générateur ou de la pompe à oxygène et traverse le serpentin GG, où il se refroidit aussi au contact d'un mélange d'acide carbonique solide et d'éther. La tension de l'oxygène varie de 20 à 50 atmosphères. Le mélange réfrigérant en EE a une température sensiblement supérieure à celle de l'éthylène détendu, de sorte qu'un échange de chaleur de E en D n'est pas impossible.

C'est pour parer à cet inconvénient qu'on a pourvu le récipient D de doubles parois entre lesquelles circulent les vapeurs d'éthylène aspirées, qui font ainsi office d'isolateur — ces vapeurs enveloppent également l'extrémité du serpentin OO terminé par un robinet de détente RH, par lequel s'écoule l'oxygène liquide. Ce dernier arrive ainsi dans l'éprouvette K, fermée par un bouchon en caoutchouc, où il se volatilise partiellement; les vapeurs ainsi produites sont aspirées en M, tandis que l'oxygène liquide se rassemble au fond de l'éprouvette. Pour diminuer le plus possible l'influence de la chaleur extérieure, très considérable en raison de la température excessivement basse qui règne en K, on entoure cette éprouvette d'une seconde, plus grande, contenant de l'éthylène liquide. Cette dernière est enfin placée dans un troisième vase N, dans lequel les vapeurs d'éthylène pénétrant en L forment une nouvelle couche isolante ; on peut les aspirer par le tube P. Tout l'appareil est enfin isolé, pendant le fonctionnement, au moyen d'une épaisse couche de laine. On évite ainsi principalement la condensation de l'humidité de l'air, source importante de chaleur.

Cette description suffit pour faire comprendre que tout l'appareil, dont la figure 130 ne donne que des organes principaux, est des plus compliqués ; le maniement en est des plus délicats et enfin les quantités de gaz liquéfié sont très minimes. Il est certain qu'on pourrait éviter ou réduire certaines pertes, en réglant, par exemple, la détente de l'éthylène liquéfié en AA au moyen d'un détendeur placé en C et analogue au robinet RH. Il faudrait éviter en outre de placer l'extrémité du tube O et le détendeur H dans le canal d'échappement des vapeurs d'éthylène, car ces dernières, réchauffées par leur passage dans la double paroi, communiquent une partie de cette chaleur à l'oxygène liquide ; la quantité de chaleur transmise de cette manière peut être très considérable, malgré la faible surface d'échange, car de même que la conductibilité électrique, la conductibilité calorique des métaux augmente à mesure que leur température s'abaisse. On pourrait réduire considérablement les pertes de ce chef et mettant le bout du serpentin O et le détendeur en communication avec D, où se produit la détente d'éthylène, et en aspirant les vapeurs de ce dernier à un autre endroit.

Ce procédé ne diffère pas en principe de celui de Pictet, puisqu'il est également basé sur la détente successive de gaz, dont la température d'ébullition est de plus en plus basse.

Pour juger de l'effet pratique de ces méthodes, nous déterminerons le travail mécanique nécessaire à la liquéfaction de 1 000 kilogrammes d'oxygène à l'heure, à la température de — 163°. La chaleur latente de vaporisation de ce dernier, déterminée par Dewar est, à la pression atmosphérique, de 80 calories par kilogramme ; elle sera donc, en chiffre rond, de 60 calories pour la température de — 163°, qui correspond à une tension de 22 atmosphères. La chaleur spécifique étant de 0,27 (1) en chiffre rond, le refroidissement de + 20° à — 163° exige encore 50 frigories, de sorte qu'on consommera 110 frigories par kilogramme, soit pour 1 000 kilogrammes d'oxygène liquide, 110 000 frigories. En supposant, sans rien fixer sur la nature des corps employés comme réfrigérants, que la condensation se fasse en trois phases caractérirées par les chutes de température suivantes : + 10° (eau fraîche) à — 20° ; — 20° à — 100° et — 100° a — 163°, il est facile de déterminer le travail minimum correspondant à chacune de ces phases. Comme la déperdition de froid est très considérable à aussi basse température, malgré l'isolation la plus parfaite, nous admettrons que la moitié seulement du froid produit pour atteindre la température de — 163° est utilement consommé, et que le refroidissement exigera 220 000 frigories.

La production de cette quantité de froid, à une température de — 100°, à l'aide d'une machine frigorifique dont nous supposerons l'effet utile égal à 0,6, représente une consommation de 330 chevaux indiqués; l'équivalent calorique de ce travail, 2 110 000 calories, vient s'ajouter à la quantité de froid utile à produire, de sorte que la machine devra fournir 431 000 frigories à l'heure. Il faut enfin tenir compte de la déperdition de chaleur par rayonnement, qui consomme au moins

---

(1) D'après Lusanna (*Nuovo Cimento*, 36, p. 70) la chaleur spécifique des gaz augmente rapidement avec la pression.

200 000 frigories de sorte que le total des frigories à produire dans la seconde phase s'élève à 631 000 frigories.

Une machine ayant un rendement de 0,6 et travaillant entre les températures limites — 100° et — 20°, consommera 760 chevaux indiqués pour produire ces 631 000 frigories ; l'équivalent calorique de ce travail, 486 000 calories, venant encore s'y ajouter on devra produire 1 117 000 frigories dans la troisième phase. On peut déjà pour cette dernière employer une machine frigorifique ordinaire, dont nous estimerons la déperdition de froid à 12 %, ce qui porte le total à 1 250 000 frigories. Cela représente un travail supplémentaire de 360 chevaux environ. Le travail total s'élève ainsi à 330 + 760 + 360 = 1450 chevaux indiqués, soit environ 0,7 d'oxygène liquide par cheval indiqué (1). Il faut y ajouter encore l'énergie nécessaire à la fabrication de l'oxygène.

27. Procédé de Linde. — Le professeur C. Linde, à Munich, a résolu le problème de la liquéfaction des gaz incoërcibles et de l'air, en particulier, d'une manière toute nouvelle et fort simple. Il a fondé sa nouvelle théorie sur certaines variations des lois de Mariotte et de Gay-Lussac (qui ne sont que des abstractions auxquelles aucun gaz ne satisfait entièrement). Ces variations, conséquences de l'attraction moléculaire, sont d'autant plus fortes qu'on augmente la densité des gaz par une forte pression ou un froid intense. Si l'on provoque par un orifice l'écoulement sous pression

(1) On peut porter le rendement à 0,9 kilogramme par cheval en répartissant différemment sur les trois phases l'abaissement de température.

d'un gaz satisfaisant *absolument* aux lois de Mariotte et de Gay-Lussac, il ne doit, théoriquement, se produire d'abaissement de température que s'il existe après l'écoulement du gaz une quantité d'énergie inhérente à ce dernier, et qui n'ait pas été consommée. Lorsque le gaz atteint son état de repos, la différence de température qui s'est produite, et qui ne peut être en tout cas que très faible, doit disparaître. En 1862 déjà, Thomson et Joule, cherchant la confirmation expérimentale de ces considérations théoriques, constatèrent que l'écoulement d'acide carbonique et d'air sec, dans les conditions indiquées plus haut, provoquaient un abaissement de température considérable (1).

Linde s'est basé sur ces expériences pour construire un appareil avec lequel il réussit à liquéfier l'air, sans l'aide d'autre corps réfrigérant (éthylène, etc.), que l'eau froide nécessaire à l'absorption de la chaleur de compression. La plus grande difficulté consistait dans

(1) Le tableau ci-dessous donne la valeur de ce refroidissement pour une différence de tension d'une atmosphère de chaque côté de l'orifice et pour différentes températures initiales.

TABLEAU XVII

Température initiale	Refroidissement	
	de l'air	de l'acide carbonique
°C	°C	°C
0	0,276	1,491
+ 7,1	0,263	1,309
35,6	—	1,020
39,1	0,224	—
54,0	—	0,883
92,8	0,152	—
93,5	—	0,645
97,5	—	0,640

le refroidissement préalable de l'espace où devait se produire la liquéfaction, c'est-à-dire la réalisation d'un équilibre thermique. Renonçant à utiliser dans ce but la détente de gaz facilement coërcibles, Linde ne pouvait recourir qu'au refroidissement provoqué par le passage de l'air à travers un détendeur; cet air refroidi agit alors dans un appareil à contre-courant, sur les nouvelles masses d'air chassées vers l'embouchure et les refroidit. Celles-ci, à leur tour, se détendent, et servent à refroidir de nouvelles quantités d'air, jusqu'à ce qu'on atteigne par refroidissement successif la température de condensation. Linde donna à son appareil à contre-courant la forme de deux tubes à axe commun de 30 et 60 millimètres de diamètre, d'une longueur de 100 mètres, enroulés en spirale (*fig.* 131). Pour empêcher toute déperdition par rayonnement de la paroi extérieure, le tube extérieur est soigneusement isolé avec de la laine. La spirale double, dont chaque spire est également isolée des autres par une couche de laine, est enfermée dans une caisse en bois. Les deux tubes débouchent séparément dans un récipient en fer T, le tube extérieur en F, tandis que le tube intérieur traverse son enveloppe en E et porte encore un détendeur R (1).

Pendant le refroidissement, l'air parcourt une série de cycles successifs. L'air froid qui s'échappe en R est aspiré en F, et refroidit, presque jusqu'à la température initiale, l'air plus chaud qui circule en sens contraire, dans le tube intérieur. Les deux tubes se bifurquent en C, le tube extérieur communiquant en G avec la sou-

(1) Le premier appareil pesait avec l'isolation et le collecteur 1 300 kilogrammes.

pape d'aspiration de la pompe P, le tube intérieur avec la soupape de refoulement H. On absorbe la chaleur de compression au moyen du refroidisseur J, intercalé dans la conduite de refoulement et traversé de K en L par de l'eau de source ; il est construit d'une façon ab-

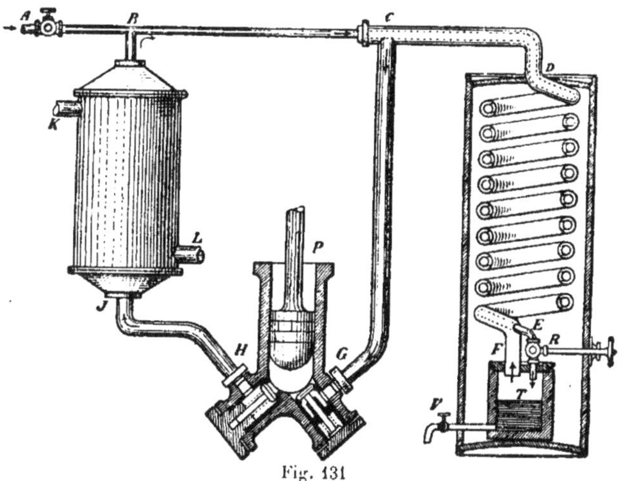

Fig. 131

solument analogue aux condenseurs des machines frigorifiques. Si ce refroidisseur est à contre-courant, on peut refroidir l'air à peu près jusqu'à la température initiale de l'eau fraîche, en absorbant toute la chaleur de compression (elle est à très peu près égale à l'équivalent calorique du travail de compression). L'air aspiré en G par la pompe aura lui aussi à peu près cette température, en raison de l'échange énergique de chaleur qui a lieu de F en C. La pompe travaille donc dans des conditions de température absolument normales.

Les expériences de Thomson et Joule ont établi que la production de froid était à peu près proportionnelle à la chute de tension pendant la détente, de sorte qu'on élèvera le plus possible, c'est-à-dire jusqu'à 65 atmosphères environ, la tension dans le compresseur, pour atteindre rapidement le point critique du gaz qu'on veut liquéfier. Si on laissait l'air se détendre jusqu'à concurrence de la pression atmosphérique, cela aurait pour conséquence une très forte élévation de température au compresseur P, c'est pourquoi on ne descend pas au-dessous de 22 atmosphères à l'aspiration (c'est un peu moins que la tension d'aspiration des machines à acide carbonique). Cela permet aussi à une plus grande quantité d'air de parcourir l'appareil ; ce dernier est par conséquent plus parfaitement utilisé. Enfin, plus la tension dans le récipient T est forte, moins sera grand l'abaissement de température nécessaire à la liquéfaction. Les déperditions de chaleur et la nécessité de refroidir non seulement l'air, mais aussi la masse métallique très considérable formée par le serpentin et le collecteur T, contribuent à augmenter considérablement le temps nécessaire à la liquéfaction ; cette dernière ne se produisit, lors du premier essai, qu'après 17 heures.

La déperdition de froid augmente à mesure que la température s'abaisse et atteint son maximum au moment où la liquéfaction commence. Comme les quantités d'air liquéfié ne participent plus à la circulation, la tension dans toutes les parties de l'appareil tomberait rapidement, si l'on ne remplaçait pas à mesure l'air qui se condense. Cela a lieu au moyen d'un compresseur (il n'est pas indiqué dans la figure) qui aspire de l'air atmosphérique, séché aussi complètement que possible dans un cylindre rempli de chlorure de calcium, et le comprime jusqu'à la tension maximum régnant dans l'appareil à liquéfaction. Cet air perd sa chaleur de compression dans un appareil identique au refroidisseur J, de sorte qu'arrivant par le tuyau A, il peut être introduit dans l'appareil en B.

La dessiccation parfaite de l'air est très importante, car non seulement la condensation de l'humidité qu'il pourrait contenir constitue une source de chaleur considérable, mais la glace produite peut en très peu de temps boucher les tubes et arrêter complètement le fonctionnement de l'appareil. Linde parvint, dès le premier essai, à vaincre toutes ces difficultés, et ni condensation, ni formation de givre n'ont dérangé le parfait fonctionnement de la machine.

Le liquide obtenu s'écoule par le robinet V ; ses propriétés générales sont celles de l'oxygène liquide, qui y est contenu pour 70 %, tandis que l'air ne renferme que 20 % de ce gaz. L'observation de Dewar, que l'azote de ce mélange liquide s'évapore plus rapidement que l'oxygène, a été confirmée ; après un certain temps, en effet, le liquide qui bout violemment à l'air, d'incolore qu'il était bleuit légèrement ; cette coloration est caractéristique pour l'oxygène liquide.

L'évaluation théorique de la quantité d'énergie nécessaire à la liquéfaction de l'air nous conduirait trop loin et nous bornerons à indiquer que la liquéfaction à — 160° d'un kilogramme d'un mélange de 70 % d'oxygène et 30 % d'azote représente une dépense d'un cheval pour les deux compresseurs (1). Comme ce procédé supprime en outre toute consommation d'éner-

---

(1) H. Lorenz. — « Théorie des Lindeschen Verfahren der Luftverflüssigung und Sauerstoffgewinnung » *Civil ingenieur*, 1895.

gie pour la production chimique de l'oxygène, il paraît plus économique que ceux indiqués au commencement de ce chapitre.

L'importance de ce procédé réside, en effet, principalement dans la possibilité d'une séparation mécanique des composants de l'air. Linde liquéfie, dans ce but, la plus grande partie de l'air avant son passage au détendeur, en le faisant passer dans un serpentin placé dans le collecteur T lui-même. Le liquide condensé s'écoule du collecteur dans un second appareil à contre-courant, identique au premier, dans le tube extérieur duquel il se vaporise et refroidit l'air chassé en sens contraire dans le tube intérieur. L'air sous forte pression passe dans deux conduites de refoulement, qui ne se réunissent qu'en arrivant au détendeur. On peut régler la pression de telle manière, que la tension dans le collecteur ne soit que de très peu supérieure à la pression atmosphérique, et il est ainsi possib'e, tout en utilisant la totalité du froid emmagasiné par l'air liquide, de recueillir à l'extrémité de l'un des appareils à contre-courant de l'azote presque pur, à l'autre, de l'oxygène à la pression atmosphérique et à 0° environ.

Le rendement peut atteindre 1 à 1,3 kilogramme d'oxygène par cheval indiqué au compresseur, car il ne se produit pas d'autres déperditions de froid que celles dues au rayonnement et qui sont du reste assez considérables.

Bien que les deux procédés qu'on vient de décrire soient de date récente (1895) ils sont fréquemment appliqués dans l'industrie chimique et donnent d'excellents résultats.

LISTE DES OUVRAGES CONSULTÉS

L'astérisque (*) indique les publications auxquelles on a emprunté des figures.

1. *Untersuchungen an kältemaschinen verschiedener Systeme* (*), publié par le prof. M. Schrötter. Ier rapport 1887, IIe rapport, 1890. Munich, chez R. Oldenbourg.

2. G. Richard. — *Les machines frigorifiques et leurs applications à l'exposition universelle de 1889* (*). Paris, E. Bernard et Cie.

3. Dr Med. O. Schwarz. — *Bau, Einrichtung u. Betrieb von öffentlichen Schlachthöfen*, Berlin, 1894, chez J. Springer.

4. G. Osthoff. — *Anlagen für die Versorgung der Städte mit Lebensmitteln : Markthallen Schlachthöfe u. Viehmärkte*, Iéna, 1894, J. Fischer.-

5 à 7. M. F. Gutermuth. — *Amerikanische Eiswerke, amerikanische Ammoniakkompressionsmaschinen, Amerikanische Kälteverteilungsanlagen*, dans « Zeitschr. d. Vereins d. Ingenieure », 1894.

8. Th. Ganzenmuller. — *Wirkungsweise, Ausführung und Betrieb der kompressionskältemaschinen* (*), dans « Zeitschr. f. d. ges. Brauwesen », 1891.

9. M. F. Gutermuth et B. Salomon. — *Versuche an einer Pictetschen Eismaschinenanlage*, dans « Zeitschr. d. Vereins d. Ingenieure », 1889.

10. B. E. de Marchena. — *Machines frigorifiques à gaz liquéfiables* (*). Paris, 1894. Gauthiers-Villars et fils.

11. R. Diesel. — *Lindesche Källtemaschinen u. Kühlvorrichtungen* (*). « Zeits d. Ver. d. Ing. », 1893.

12. Prof. Schöttler. — *Neuere Versuche mit kältemaschinen*, « ibid ».

13. Prof. H. Fischer. — *Studien über die Verwendung künstlicher kälte*. « Civil ingenieur », 1892.

14. B. Nimax. — *Eine neue Kühlhalle für Fleisch und andere Lebensmittel*. « Zeits d. Ver. d. Ing. 1888.

15. B. Nimax. — *Mitteilungen über Betriebsergebnisse von Kühlanlagen nach dem System « Humboldt »* (*) « ibid. », 1890.

16. B. Nimax. — *Erfahrungen aus dem Betriebe von Kühlanlagen*, « ibid. », 1892.

17. *Die Kühlanlage des Schlachthofes der Stadt Heilbronn*, « ibid. », 1891.

18. G. Gentler. — *Die Kühlanlage auf dem städtischen Schlacht u. Viehhofe zu Halle a. S.* « ibid. », 1894.

19. Prof. M. F. Gutermuth. — *Die Fleischkühlanlage des Schlachthofes zu Chemnitz* (*). « Zeitschr. für die ges. Kälte-industrie », 1894.

20. Prof. C. Linde. — *Ueber die kältemaschine von heute*, « ibid. ».

21. Prof. Denton. — *Versuche an amerikanische Kühlmaschinen.* « Proceeding of the American Society of mechanical engineers », 1894, et « Zeits. fur Kältind ».

22. Prof. Siebel. — *Störungen im Kühlmaschinenbetrieb.* « Ice and Refrigeration Zeits. f. Kälteind », 1894.

23 et 24. *Kühlanlagen auf dem Schlachthofe zu Elberfeld und Karlsruhe. Zeits. f. Kälteind*, 1895.

25 à 28. Prof Schwarz. — *Kühlanlagen auf den Schlachthöfen zu Köln, Mährisch-Ostrau, Darmstadt sowie der Actienbrauerei Marienthal zu Wandsbeck*, « ibid. », 1896.

29. H. Lorenz. — *Beiträge zur Beurtheilung der Kühlmaschinen*, « Zeits. d. Ver. d. Ing. », 1894.

30. H. Lorenz. — *Die Konstruktion und der Betrieb der Kohlensäuremaschinen* (*) « Zeits. f. Kälteind. », 1894.

31. C. Schmitz. — *Die Kälteindustrie auf der Weltausstellung zu Antwerpen* (*), « ibid. », 1894.

32. C. Schmitz. — *Konstruktion und Betrieb der Ammoniak Kühlmaschinen* (*), « ibid. », 1895.

33. C. Schmitz. — *Die apparate zur Absonderung des Öls und der Fremdkörper und zur Ölreinigung bei Ammoniakkühlmaschinen* (*) « ibid », 1896.

34. *Application du froid à la cristallisation du sulfate de soude dans les eaux-mères.* « Revue technique », 1894.

35. C. Hirzel. — *Verfahren u. Apparate zur Gewinnung von Kochsalz aus Konzentrirter Soole durch Abkühlung* « Zeits. f. Kälte-Ind. », 1896.

36. Dr M. Altschul. — *Mitteilungen aus dem Institute R. Pictet zu Berlin*, « ibid. », 1895 et 189[illegible].

37. Saclier et Waymel. — *Fonçage des puits de Vicq.* « Bulletin de l'industrie minérale », Saint-Etienne, 1895.

38. M. Schröter. — *Lindes Verfahren zur Sauerstoffgewinung mittelst verflüssigter Luft.* « Zeits. d. Ver. d. Ing. », 1895.

39. Prof. C. Linde. — *Erzielung niedrigster temperaturen, Gasverflüssigung.* « Annalen der Physik u. chemie. Neue Folge », Bd 57, 1896.

40. H. Lorenz. — *Théorie des Lindeschen Verfahrens der Luftverflüssigung und Sauerstoffgewinnung.* « Civil ingenieur », 1895.

41. Dr Mollier. — *Ueber die Kalorischen Eigenschaften der kohlensäure und anderer technisch wichtiger Dämpfe.* « Zeits. f. Kaelteind., 1895.

42. Dr Mollier. — *Ueber die Kalorischen Eigenschaften der kohlensäure ausserhalb des Sättigungsgebietes*, « ibid. », 1896.

43. H. Lorenz. — *Das Verhalten überhitzter Dämpfe und unterkühlter flüssigkeiten unter besonderer Berücksichtisgung der kohlensäure*, « ibid, » 1896.

44. H. Lorenz. — *Das Durchströmen unterkühlter Flüssigkeiten, nasser*

und überhitzter Dampfe durch Drosselventile. mit besonderer Berücksichtigung des Verhaltens der Kohlensaure in Kühlmaschinen. « ibid. », 1896.

45. Dr Brand. — *Ueber Eisen nicht angreifende Kühllosungen.* « Zeits. f. d. ges. Brauwesen u. Z. f. Kälteind », 1896.

46. Dr Daniel et Th. Schmiedel. — *Bericht über Versuche behufs Ermittelung einer gegen metallisches Eisen indifferenten Kühllösung für Brauerzwecke*, « ibid. », 1896.

47. Schwackhöfer. — *Amerikanische Brauindustrie auf der Weltausstellung in Chicago*, Wien, 1894. édité par la commission impériale de l'exposition de Chicago, 1894.

48. G. Zeuner. — *Technische Thermodynamik.* 3e édition, volume II, Leipzig, 1890, A. Félix.

49. M. Ledoux. — *Théorie des machines à froid.* « Annales des Mines, 1878.

50. George Richmond. — *Notes on the refrigeration process and its proper place in thermodynamics. Transactions of the american.* « Society of Mechanical Engineers, 1892.

51. J. E. Siebel. — *Compend of Mechanical Refrigeration* Chicago, 1895. H. S. Rich et Co.

52. Dr A. Welter. — *Die tiefen temperaturen*, Crefeld. 1895, J. Greven.

53. Landolt et Börnstein. — *Physikalisch-Chemische Tabellen*, 2e édit. Berlin, 1894, J. Springer.

54. E. Nöthling. — *Die Eiskeller, Eishäuser u. Eischränke, ihre Konstruktion u. Benützung.* 2e édition, Weimar, 1896, Fr. Voigt.

55. Prix courants (*) et imprimés de plusieurs constructeurs.

TABLE DES MATIÈRES

Préface de l'auteur V
Préface des traducteurs VII

Chap. I. — *Les différents procédés de production du froid. Travail qu'ils consomment* 1

1. Procédés de production du froid 1
2. Propriétés des principaux gaz liquéfiables employés. . . 6
3. Travail consommé 12
4. Moteurs pour installations frigorifiques 21
5. Disposition générale d'une installation frigorifique . . . 26

Chap. II. — *Construction des compresseurs* 29

6. Compresseurs à ammoniaque. 29
7. Détendeurs et séparateurs d'huile des machines à ammoniaque 39
8. Compresseurs à acide carbonique 48
9. Détendeurs et organes de sûreté des compresseurs à acide carbonique 55
10. Compresseurs à acide sulfureux. 58
11. Essai des compresseurs. 64

Chap. III. — *Condenseurs et réfrigérants* 73

12. Les condenseurs 73
13. Condenseurs à immersion et refroidisseurs 78
14. Condenseurs et refroidisseurs à ruissellement 84
15. Les réfrigérants 93
16. Collecteurs et distributeurs 100

Chap. IV. — *Refroidissement des liquides* 105

17. Appareils pour le refroidissement des liquides 105
18. Appareils pour le rafraîchissement des liquides 113

CHAP. V. — *Refroidissement de l'air* 117

19. Lois du refroidissement de l'air. 117
20. Appareils à rayonnement 122
21. Frigorifères 131
22. Quantité de froid nécessaire au refroidissement de l'air . 133

CHAP. VI. — *Fabrication de la glace* 143

23. Lois de la congélation 143
24. Bacs à glace. 149
25. Procédés de congélation du sol pour le fonçage des puits et établissement des pistes de glace 157

CHAP. VII. — *Production et utilisation de froids intenses* 167

26. Procédé de Pictet, Olszewski et Dewar. 167
27. Procédé de Linde. 174

LISTE DES OUVRAGES CONSULTÉS 181

TABLE DES MATIÈRES. 185

SAINT-AMAND (CHER). — IMPRIMERIE SCIENTIFIQUE ET LITTÉRAIRE, BUSSIÈRE FRÈRES.

www.ingramcontent.com/pod-product-compliance
Ingram Content Group UK Ltd.
Pitfield, Milton Keynes, MK11 3LW, UK
UKHW021141260726
13994UKWH00001B/244